수학
잘하는
아이,

수학도
잘하는
아이

**20년간 수학을 가르치며
깨달은 것들**

오선영 지음

수학 잘하는 아이, 수학도 잘하는 아이

한국경제신문

수학을 잘해도
달라지지 않는 것들

수학 교사로 20여 년을 살면서 수많은 학생들을 만났다. 그 시간 동안 내가 주로 한 것은 수학을 가르치는 일이었지만 이제와 생각해보니 그들이 나를 가르친 것 같다.

학생들에게 수학을 가르치는 것은 쉬웠다. 그러나 학생들이 잘 배우고 있었는가에 대해 자문해보면 왠지 자신이 없다. 교사 초임 시절에 수학을 어려워하는 학생들은 의지력이 부족하다고 생각했고 이런 아이들에게 나는 매일매일 더 열심히 공부해야 성공할 수 있다며 채찍질을 했다. 어쩌면 열정만 가득했던 하룻강아지 같은 내 말에 상처를 입은 학생들이 있을지도 모르겠다. 수학에 대한 어려움을 토로하는 학생들의 입장을 이해하기보다는 학생 개인의 노력이 부족함을 탓했고 좋은 대학에 들어가야 사람대접을 받을 수 있다며 일침을 가장한 고정관념을 주입시켰다. 돌이켜보니 참으로 부끄럽다.

내가 학생들을 그들의 눈높이에서 보기 시작한 때는 내 아이를 키우면서부터다. 아이가 유아기, 아동기를 거치며 커가는 모습에 그동안 잊고 살았던 나의 올챙이 적 시절이 떠올랐고, 내 맘대로 되지 않는 자식 농사를 통해 의지력만으로 모든 일이 이루어지는 것은 아님을 깨닫게 된 것이다.

학교에서 만난 다양한 아이들을 통해 나는 희망을 보았다. 자신의 꿈을 이루기 위해 맹렬히 달려가는 아이, 새지 있는 말솜씨로 주변을 즐겁게 만드는 유쾌한 아이, 따뜻한 성품으로 뒤에서 사람들을 챙기는 아이. 그런 아이들을 볼 때마다 이들이 자라서 어른이 된다면 아마도 우리 사회는 굉장히 다채롭고 재미있는 곳이 될 것이라고 생각했다. 이대로만 자라준다면 말이다. 그러나 사회는 이들을 가만두지 않는다. 성적과 대학이라는 틀에 밀어 넣고 거기서 살아남는 것이 최선인 양 아이들을 몰아세우고 있다. 여기서부터 아이들의 불행이 시작된다.

이 불행을 멈출 수 있는 사람은 우리 어른뿐이다. 학생들에게 아무리 인생에서 공부가 전부는 아니라고 외쳐도 아이들이 당장 할 수 있는 것이 딱히 없기 때문이다. 아이들은 기성세대가 만들어놓은 사회에서 삶을 시작할 수밖에 없으므로 우리 어른들이 먼저 변하고

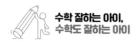

변화를 이끌어야 한다. 특히 아이들과 가장 많은 시간을 보내는 부모의 영향력은 거의 절대적이다. 삶에 대한 가치관, 공부에 대한 태도 등은 학교에 다니기 전부터 형성되기 때문에 교육에 있어서 부모의 역할만큼 중요한 것은 없을 것이다.

이 책을 쓴 이유도 바로 그것 때문이다. 수학이라는 소재로 이야기를 풀어갔을 뿐 이 책의 주제는 아이를 행복하게 키우기 위한 바람직한 부모의 역할에 대한 것이다. 그러나 현재 아이를 키우고 있는 부모 입장에서 지금 당장 공부를, 특히 수학이란 과목을 놓을 수 없는 절박함 또한 잘 알기에 이 둘의 균형점을 찾고자 노력했다. 주제는 다소 거창하나 궁극적으로 모든 부모가 원하는 것은 아이의 행복이므로 이를 나침반 삼아 생활 속에서 실천 가능한 교육법들을 소개하고 싶었다. 특히 아이가 수학을 어려워하거나 수학을 더 잘했으면 싶은데 어디서부터 잘못됐는지, 무엇부터 시작해야 할지 혼란스러운 부모들에게 조금이나마 도움이 되었으면 한다.

수학 때문에 힘들어하고 고민하는 학생들을 너무도 많이 보아왔다. 그중 가장 안타까운 것은 어릴 때부터 뭔가 다양한 학습을 많이 해왔지만 성과가 만족스럽지 않은 경우다. 차라리 아무것도 안 하고 실컷 놀기라고 했으면 좋았을 텐데 아이는 아이대로, 부모는 부모대로 열심히 했음에도 결과적으로 엉뚱한 곳에 시간과 노력을 쏟은 셈이다.

교사로서 부모로서 내 교육 원칙은 '해야 할 것'과 '하지 말아야 할 것'을 구분하고 해야 할 것 중에서도 가장 핵심적인 것만 골라 꾸준히 실천하는 것이다. 물론 이것은 쉽지 않다. 먼저 삶에 대한 가치관을 정립해야만 이 둘을 구분할 수 있고 나만의 대원칙을 세울 수 있기 때문이다. 게다가 꾸준히 실천하는 것은 더욱 어렵다. 그러므로 핵심만 골라내야 하는 것이다. 아이를 제대로 키우고 싶은 부모라면 한 번은 거쳐야 할 과정이다. 원칙이 없다면 주변 얘기에 쉽게 흔들리게 되고 이것이 아이에게 좋을 리 없다는 것은 말하지 않아도 우리 모두 알고 있는 사실이다.

　책을 쓰기로 마음먹은 것은 아이가 고등학교에 입학하면서부터이니 딱 3년 전이다. 내 교육 원칙을 바탕으로 나는 아이의 고등학교 생활을 개인 블로그에 기록하기 시작했다. 아이의 행복은 좋은 대학에 들어가는 것에 달려 있지 않기에 대학 입시 결과와 상관없이 내 주장을 펼칠 수 있어야 한다고 믿었고 그 증거로 삼은 것이 바로 블로그였다. 내가 틀리지 않았다는 것을 증명하고 싶었다.

　그러나 곧 딜레마에 빠졌다. 내 교육 원칙이 틀리지 않았다는 기준은 무엇인가? 결국 아이가 좋은 대학에 합격해야만 사람들이 내 이야기를 믿어줄 것이 아닌가? 아이에게 있어 공부가 전부는 아니며 아이의 행복한 인생을 위해 억지로 하는 공부는 멈춰야 한다고

말하고 싶지만 사람들은 이런 주장에 대한 근거로 긍정적인 결과물을 원할 것이었다.

다행이라고 해야 할지 아이는 올해 서울대학교 자유전공학부에 입학했고 이를 계기로 내 생각이 틀리지 않았음을 다시 한 번 확신했다. 하지만 한편으로 씁쓸한 것도 사실이다. 만약 아이의 대학 입시가 실패로 돌아갔다면 내 이야기를 들어주던 사람들이 냉정하게 뒤돌아섰을 거라는 생각 때문이다.

당부하건데, 내 아이의 사례를 오해하지 않았으면 한다. 부모로서 공부 잘하는 자식이 고마운 것은 사실이지만 이것을 위해 아이를 불행하게 만들 필요는 없다. 불행한 공부는 아이를 절대 행복하게 만들 수 없다. 부디 이 책이 많은 부모들이 아이를 키우면서 마음이 흔들릴 때마다 곁에 두고 들춰볼 수 있는 편안한 책이 되었으면 좋겠다.

끝으로 부족한 엄마의 인생에 늘 찬사를 보내주고, 기꺼이 자신의 삶 일부분을 허락해준 사랑하는 딸 채연이에게 감사의 마음을 전한다.

프롤로그 _ 수학을 잘해도 달라지지 않는 것들　　　　　　　005

1장　수학 성적은 왜 자꾸 떨어지기만 할까?

1　수학의 시대에 살고 있는 아이들　　　　　　　019
　　왜 수학은 점점 어려워질까?　　　　　　　020
　　수학이 밥 먹여주는 사회　　　　　　　021
　　수학은 시간을 잡아먹는 괴물　　　　　　　023

2　초등학교 때 잘나가던 아이, 뭐가 문제일까?　　　　　　　025
　　초등 수학에서 정답과 개념의 이해는 별개　　　　　　　026
　　눈치로 공부하는 것이 가능한 시기　　　　　　　027
　　모든 아이에게 연산이 중요할까?　　　　　　　029
　　초등 수학과 중등 수학의 결정적 차이　　　　　　　030
　　중등 수학과 고등 수학의 결정적 차이　　　　　　　031

3　수포자를 양성하는 수학 교육　　　　　　　035
　　왜 수학은 엄마표가 별로 없을까?　　　　　　　036
　　초1부터 시작되는 눈치 게임　　　　　　　039
　　학원 딜레마에 빠진 부모와 아이들　　　　　　　041
　　수학적 사고력은 결국 문제를 푸는 능력　　　　　　　042

4　수학만 잘해도 삶이 쉬워진다　　　　　　　045
　　문과생에게 더욱 중요한 수학　　　　　　　046
　　수학의 진정한 쓰임이란　　　　　　　048
　　세계 각국이 수학에 주목하는 이유　　　　　　　050

부모교실 **나는 어떤 부모인가**   052

당신이 꼰대라면 가르칠 생각은 그만두세요   052

아이를 사장님의 눈으로 바라보고 있지는 않은가?   054

선택의 힘이 가지는 가치   057

진짜 부모가 되는 길   060

2장   초등 수학에서 놓치지 말아야 할 것과 놓아야 할 것

1   수학의 기본은 연산이 아닌 독해력   065

수학 동화를 읽으면 수학을 잘할까?   066

긴 문제가 어렵게 느껴지는 이유   067

수학으로도 독해력을 키울 수 있다   068

2   수학에 대한 자신감이 곧 실력이다   071

근자감이라도 괜찮아!   073

긍정적인 피드백과 칭찬의 힘   074

실패를 두려워하지 않는 아이가 성공한다   076

하루에 딱 한 문제만 풀기   078

학원 레벨테스트는 신중히!   080

3   무엇보다 수학을 싫어하지 않는 것이 중요하다   083

초등 수학의 목표는 바로 이것!   084

수학 감수성을 키워주는 수학 대화   086

칭찬의 역효과   087

자신만의 원칙이 있으면 넘어지지 않는다   089

4 가장 멀리해야 할 마음, 조급증 093

막판 스퍼트가 중요하다 094

시간이란 강에 몸을 맡겨라 096

배우는 능력을 학습해야 하는 이유 099

부모교실 똑똑한 부모가 저지르는 흔한 실수 두 가지 102

선택의 기회를 빼앗지 마라 102

모범생의 함정과 엄친아의 허상 105

3장 중등 수학, 아직 늦지 않았다

1 중등 수학 어떻게 하면 잘할 수 있을까? 113

선행 학습보다 중요한 후행 학습 114

문제를 많이 풀면 수학 성적이 오를까? 117

수학에서 진짜로 암기해야 할 것 119

슬로 수학, 한번 도전해봐! 121

2 상위권과 최상위권의 차이 125

시켜서 하는 아이, 원해서 하는 아이 126

현실과 이상을 분리하라 128

최상위권 아이들의 자기 관리 비결 130

3 수포자가 되기엔 아직 너무 이르다 133

내가 수학을 잘할 상인가? 135

수학 공부하기에 참 좋은 시기 136

중학교 성적은 대체로 믿을 것이 못 된다 139

부모교실 흔들리지 않는 부모 되기　141

　부모의 권위를 스스로 지키는 법　141

　아이의 자존감을 올려주는 질문법 한 가지　143

　아이의 미래를 바꾸는 준비된 부모란?　145

　실패를 두려워하지 않는 아이로 키우고 싶다면　147

4장　자기 주도력과 수학의 상관관계

1　스스로 공부하는 게 가능할까?　153

　자기 주도 학습과 혼공의 차이　155

　아이의 가슴부터 뛰게 하라　157

　애매한 로망을 쫓기보다 현실 속 롤모델을 찾아라　159

　자기 자신을 경영하는 자세　161

2　노력은 양보다 질이다　163

　좋아한다고 다 잘하는 것은 아니다　164

　주력 과목에 집중하라　166

　아킬레스 과목 관리하기　168

　지시가 아닌 질문하는 부모 되기　170

3　성공도 실패도 내 선택이다　173

　실패를 극복하는 첫 단계, 자기 성찰　175

　실패에 둔해지는 연습이 필요하다　176

　아는 문제를 실수로 틀렸을 때　178

4　사교육과 자기 주도 학습　181

　공부도 특기다　182

교육을 돈으로 해결하면 안 되는 이유   184

학원은 자기 주도 학습의 적일까?   186

어떤 학원을 어떻게 골라야 할까?   188

부모교실 넘치는 부모보다 부족한 부모가 낫다   192

어른이라고 다 옳은가요?   193

말 안 듣는 아이로 키우는 최고의 기술, 잔소리   195

모르는 것을 모른다고 말하는 용기   197

5장   수학을 잘하는 아이로 키우는 법

1   성적이 목표라면 멀리 갈 수 없다   203

관찰하고 또 관찰하라   205

좋아하는 것에서부터 시작하라   207

다르게 키울 수 있는 용기   209

단 하나의 원칙에 집중하라   211

2   수학을 좋아하는 아이로 키워라   215

참는 자에게 복이 있나니   216

새로운 도전보다 성공 경험이 먼저다   218

좋아하는 것을 잘하는 법   219

3   수학 공부, 앞으로 이렇게 해봐!   223

기초가 부족할 때 필요한 응급처방   224

사춘기의 반항심은 수학의 좋은 재료다   227

어떤 수학 교재를 골라야 할까?   230

해답지 활용의 올바른 예   232

4   수학 잘하는 아이로 거듭나기   235

공부 시간을 줄이기 위해 노력하라   236

1분 목차 읽기로 뇌를 자극하라   238

결정적 시기인 방학을 적극 활용하라   240

묻지마 선행 학습의 유혹에서 벗어나라   244

5   실력을 점수로 연결하는 마법의 끈   247

해답지보다 선생님을 활용하라   249

시험 문제도 첫인상이 좋아야 한다   251

이미지 트레이닝으로 실전에 대비하라   253

시험 공포증 이렇게 극복하라   255

수행평가, 전략적으로 접근하기   256

부모교실 품격 있는 부모의 대화법   259

어떠한 의도도 대화에 넣지 말기   261

관심의 추는 항상 내 쪽에 두기   264

계급장 떼고 대화하기   266

아이의 단점도 장점으로 승화하기   268

에필로그 _ 이미 너무 괜찮은 아이잖은요?   273

1장

수학 성적은
왜 자꾸
떨어지기만 할까?

1 수학의 시대에 살고 있는 아이들

2019년에 우리나라가 국제수학올림피아드에서 3위를 했다는 기쁜 소식을 들었다. 공동 1위인 미국, 중국과 점수 차이가 불과 1점이었다고 하니 우리나라 학생들의 수학 실력은 가히 세계 최고라 할 만하다. 인적 자원이 훌륭한 우리나라는 사람의 힘으로 해낼 수 있는 일이라면 무엇이든 잘한다.

그런데 나는 이런 기사들을 보면 한편으로 좀 속상한 마음도 든다. 이렇게 수학 실력이 출중한 학생들을 선발하기 위해 또 얼마나 많은 아이들이 수학을 싫어하게 되었을까 생각하면 이런 내 심정이 조금은 이해가 될 것이다. 나는 수학 교사지만 모든 학생이 수학을 잘할 필요는 없다고 생각한다. 기초 수학 정도만 해도 충분히 잘 살아갈 수 있는데 쓸데없이 학교 수학은 자꾸만 어려워지고 있다.

왜 수학은 점점 어려워질까?

학교 입장에서는 어쩔 수 없이 성적을 매겨야 하니 변별력을 주는 것이 당연하다. 그러나 이 변별력의 수준이 갈수록 높아지고 있다는 것이 문제다. 이유는 시험에 응시하는 학생들의 실력이 사교육으로 인해 상향평준화되고 있기 때문이다. 학교에서는 이들을 변별하기 위해 더 어려운 문제를 출제할 수밖에 없고 이것은 다시 사교육의 필요성을 높임으로써 학교 수학이 점점 더 어려워지는 악순환이 계속되고 있는 것이다.

게다가 더 심각한 문제는 학력에도 양극화 현상이 일어나 하위권 학생들 중에는 오히려 기초학력 미달 비율이 갈수록 늘고 있다는 것이다. 도시와 읍면 지역의 학력 격차 또한 심해지고 있다. 한 교실에 사칙연산이 안 되는 아이들과 고등 수학 과정을 배우고 있는 아이들이 섞여 있는 현실에서 수학 교사는 어느 학생을 기준으로 수업을 해야 할지 막막하기만 하다.

결국 이러한 문제의 근본 원인은 수학이 학생 선발의 도구로 이용된다는 사실이다. 그렇다고 선발의 기능을 없애거나 완화한다고

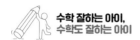

문제가 해결되지는 않을 것이다. 수능 영어가 절대평가로 전환되자 국어와 수학의 중요도가 높아지는 풍선 효과를 가져와 결국 아이들이 공부하는 양에는 변함이 없다는 것이 그 증거다. 갈수록 교육 인플레이션과 양극화 현상이 심화되고 있음을 피부로 느끼지만 수학을 잘하지 못해도 즐기는 아이들이 많아지기를 소망하는 것은 그저 교사로서의 헛된 욕심일까?

주요 과목 중에서도 학력 격차가 가장 심한 과목이 바로 수학이다. 일찌감치 수포자(수학을 포기한 자)의 길로 들어서는 아이들이 가장 많은 우리나라는 전반적으로 수학이 쉬워질 필요가 있다. 많은 아이들이 수학에 대한 흥미를 잃어버릴 정도로 현재의 교육 과정을 어렵게 느낀다면 그것은 아이들에게 가하는 지적 폭력일 수 있다. 이렇듯 수학 교육을 개선하기 위한 논의는 계속되어야 하지만 안타깝게도 지금 당장 아이를 키우고 교육시켜야 하는 부모들의 입장에서는 그것을 기다릴 여유가 없다.

수학이 밥 먹여주는 사회

"우리가 뭔가를 증명할 때는 논리를 바탕으로 한다. 그러나 뭔가를 발견할 때는 직관을 바탕으로 한다"라고 프랑스의 수학자이자 물리

학자인 앙리 푸앵카레(Henri Poincare)는 말했다.

수학은 대표적인 논리의 학문이다. 학생들이 수학을 왜 배워야 하느냐고 물을 때면 교사로서 이런 저런 대답을 내놓지만 그중에서 그나마 아이들에게 가장 먹히는 대답은 '두뇌를 발달시킨다'는 것이다. 멋지지도, 자극적이지도 않은 답변에 시큰둥해하는 아이들도 물론 있지만 나는 수학을 공부하는 과정 자체가 특별히 논리력과 문제 해결력을 기르는 데 있어 가장 좋은 도구라고 생각한다.

뿐만 아니라 수학은 그 이상도 가능하게 한다. 앞서 언급한 앙리 푸앵카레의 말처럼 새로운 발견은 논리가 아닌 직관에서 비롯된 호기심에서 시작되고, 이런 직관은 역설적이게도 기존에 수립된 탄탄한 논리에서 한 단계 발전된 것이다. 역사적으로도 수학에서 새로운 분야가 탄생하는 과정은 모두 기존 체계를 바탕으로 한 발짝 나아갔기 때문에 가능했다.

이미 4차 산업혁명을 마주한 우리는 이 시대를 살아가는 데 있어 수학이 직접적으로 필요하지는 않아도 수학적 사고방식이 여러 가지 면에서 유리하다는 것을 알고 있다. 이를 반영하듯 아이들의 교육에 있어서도 수학의 비중이 갈수록 높아지고 있다. 나는 가뜩이나 아이들이 수학을 힘들어하는데 앞으로 더 중요해진다고 하니 마음이 답답해졌고 그냥 앉아 있을 수만은 없었다. 그래서 지금 당장 바꿀 수 없는 것들을 안타까워하기보다는 지금이라도 당장 실천할 수

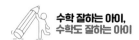

있는 것들에 대해 차근차근 생각해보기로 했다.

수학은 시간을 잡아먹는 괴물

OECD 국가의 학생들을 대상으로 한 수학 실력과 흥미도 검사 결과는 더 이상 우리에게 낯설지 않다. 해마다 결과에 있어 변하지 않는 사실은 우리나라 학생들의 수학 실력은 늘 상위권이지만 흥미도는 최하위권을 벗어나지 않는다는 것이다. 세계적으로 행복지수가 높기로 유명한 덴마크와 우리나라의 수학 교육을 비교한 어느 다큐멘터리는 그 이유를 알기 쉽게 설명한다. 왜 유독 우리나라 학생들이 수학 교과에 대한 불안을 겪는 비율이 높은지에 대해서 말이다. 내 주변만 해도 시험지만 받으면 가슴이 두근거리고 손에 땀이 차며 다른 친구들의 시험지 넘기는 소리만 유독 크게 들려서 도저히 문제에 집중할 수 없다고 말하는 아이들이 적지 않다.

고등학교에 다닐 때 나도 이와 비슷한 경험을 한 적이 있다. 예나 지금이나 우리나라의 잔인한 내신 성적 시스템은 친구들을 경쟁자로 바라볼 수밖에 없게 한다. 친구가 시험을 잘 보면 상대적으로 내 위치는 떨어질 수밖에 없으니 어쩔 수 없이 남을 의식하는 공부를 하게 되고 이는 빠른 시간 내에 많은 문제를 풀어야 한다는 초조

함으로 나타난다. 이러한 불안은 심리적인 문제일 뿐만 아니라 실제 성적에도 안 좋은 영향을 미친다. 보통 이와 같은 불안을 겪는 학생들의 문제점은 성급함이다. 문제를 제대로 읽기도 전에 풀기 시작하여 주어진 조건을 놓치는 등 실수할 확률이 높아지는 것이다.

덴마크의 수학 교사들에게 우리나라의 수능 문제지를 보여 주고 의견을 물었을 때 공통적으로 한 말은 "한 문제를 해결하기 위해 너무나 많은 것들을 알아야 한다"는 것이었다. 실제로 수능에 출제되는 수학 문제들은 서로 연계되지 않을 뿐더러 독립된 서른 개의 문제를 해결하기엔 주어진 시간이 너무 촉박하고 실수 또한 용납되지 않는다.

그러므로 우리나라에서 수학은 시간을 잡아먹는 괴물이라고 할 수 있다. 시험 시간 자체도 그렇지만 실수를 줄이기 위해서는 절대적인 반복이 중요하므로 엄청난 연습 시간을 필요로 한다. 문제를 봤을 때 즉각적으로 풀이 방법이 떠올라야 하고 계산도 기계처럼 틀림이 없어야만 한 문제를 겨우 맞히는 것이다. 상위그룹의 학생일수록 전체 성적이 수학에 좌우되는 경우가 많은 것은 수학 점수가 낮은 것이 다른 과목의 학습에도 영향을 주기 때문이다. 즉, 수학을 공부하는 데 너무나 많은 시간을 빼앗겨 다른 과목을 신경 쓰지 못하는 불상사가 일어나는 것이다.

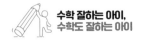

초등학교 때 잘나가던 아이, 뭐가 문제일까?

아이들이 수학을 어려워하기 시작하는 시기는 대부분 중학교 때다. 초등 수학은 수학적 사고력보다는 언어 능력에 더 많이 좌우되는 측면이 있고 수학 개념 자체가 직관적이다. 그러므로 언어 능력과 어느 정도의 직관력만 있어도 수학을 어렵지 않게 받아들일 수 있다. 그러나 중학생이 되어 수학을 공부하다 보면 이것만으로는 버틸 수 없다는 것을 알게 된다. 진짜 수학을 시작해야 하는 시기가 왔지만 어디서부터 잘못됐는지 갈피를 잡을 수 없고, 부모는 아이의 노력이 부족한가 싶어 아이를 닦달하기 시작한다.

개인적으로 초등학교 때 수학 실력은 '실력'이라고 말할 수 있는 차원의 것이 아니라고 생각한다. 너무 폄하하는 것 아니냐고 반문할 수도 있겠지만 특별한 경우를 제외하고 초등학교 때 수학을 잘했다는 것은 그냥 눈치가 좀 빠른 것일 뿐 진짜 실력이 있는지는 좀 더 지켜보아야 한다.

초등 수학에서 정답과 개념의 이해는 별개

대부분의 수학 교재는 ①개념 설명이 끝나면 ②예시 문제의 풀이 방법을 보고 ③연습해보는 형태를 취하고 있다. 이는 교사가 학생을 가르치는 교실에서도 마찬가지인데, 초중고 모든 학교에서는 교사가 먼저 개념을 설명하고 이를 활용한 문제를 예로 들어 풀이 방법을 제시한다. 그러면 학생들은 이것을 보고 숫자 정도만 바꾼 비슷한 문제들로 문제 푸는 법을 연습하는 것이다.

그런데 여기서 두 가지 경우가 발생한다. 첫 번째는 개념을 정확히 이해하고 교사의 풀이 방법을 확인한 후 본인이 푸는 경우고, 두 번째는 명확히 개념은 잘 모르지만 교사의 풀이 방법을 보고 대충 감으로 맞추는 경우다. 사실, 진짜 수학에 소질이 있는 경우라면 예시 문제의 풀이 방법을 보지 않고도 개념을 듣고 그것을 활용해 직접 문제를 푸는 아이일 것이다. 그러나 이러한 능력을 모든 학생에게 기대할 수는 없다. 그리고 예시 문제의 풀이 방법을 보고 나면 개

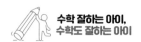

념 또한 쉽게 이해되므로 이것이 꼭 나쁘다고도 할 수 없다.

문제는 초등 수준에서 후자의 경우, 즉 교사의 풀이 방법을 보고 흉내를 내도 정답만 맞으면 별 문제가 없다는 데 있다. 평가 기준 자체가 정답이냐 오답이냐에 있기 때문에 이 아이가 개념을 이해하고 푼 것인지 그저 풀이 방법을 흉내낸 것인지 판단하기 어렵다는 것이다. 아니, 사실 판단이 어려운 것은 아니다. 다만 학교는 그럴 의지가 없고, 학원은 그럴 시간이 없을 뿐이다.

눈치로 공부하는 것이 가능한 시기

살아 보니 눈치가 빠른 사람은 어딜 가도 적응을 잘한다. 이것은 학교에서도 예외가 아닌데 수학을 잘하는 초등학생들은 대부분 또래보다 성숙한 아이들이다. 아무래도 초등 시기는 성장이 역동적으로 일어나는 시기이다 보니 개인차도 심한 듯하다. 다소 어수룩한 남자아이들이 초등학생 때 두각을 나타내지 못하는 경우를 종종 보았을 것이다. 반면 흔히 또랑또랑하다고 표현하는 여자아이들이 두각을 나타내는 경우가 많다. 여자아이들이 남자아이들에 비해 성숙도가 빨라서 일어나는 현상이겠지만 이것이 꼭 지적 능력의 차이라기보다는 상황 판단력에 기인하는 경우도 많을 것이다.

초등학생에게 오늘 배운 것을 설명해보라고 하면 대부분 어려워한다. 그럼에도 표현은 서툴지만 핵심 개념을 잘 이해하고 있는 경우가 있다. 이런 친구들은 수학을 제대로 공부하고 있다고 판단할 수 있지만 반대로 그럴듯한 단어를 늘어놓긴 해도 핵심을 찌르지 못하는 경우에는 공부를 눈치로 하고 있을지도 모른다. 즉 수학 개념을 정확히 이해하지 못했어도 언어를 구사하는 스킬이나 상황 판단력이 좋아 그 순간을 잘 모면하는 것이다. 이런 친구들은 영리하기 때문에 수학을 잘한다고 평가받기 쉽다. 실제로 수학 성적 또한 나쁘지 않을 것이다.

초등학교에서는 대체로 영리한 아이들이 전과목에서 우수한 성취도를 보일 수밖에 없다. 그런데 이런 학생들 가운데 학년이 올라갈수록 수학을 어려워하는 친구들이 종종 보인다. 영리함에 진짜 수학 실력이 가려진 탓에 수학을 제대로 공부하고 개념을 익힐 기회를 놓친 것 같아 안타깝다. 또한 다소 늦되는 것처럼 보이는 아이는 더 큰 피해를 입기도 한다. 아직 성숙도가 덜해서 생기는 시간 차를 기다려주지 못하는 어른들 때문에 '수학을 못하는 아이'라는 낙인이 붙기 때문이다.

모든 아이에게 연산이 중요할까?

'트루시니스(Truthiness)'는 사실 여부와 관계없이 내면적으로 자신이 믿고 싶은 바를 진실로 인식하려는 성향 또는 심리 상태를 뜻하는 용어다. 다시 말해 수많은 정보가 넘쳐나는 현실 속에서 사실에 근거하기보다는 자신이 믿고자 하는 정보만을 받아들여 그것이 마치 진실인 양 믿고 싶어 하고 실제로 그렇게 믿는 것을 말한다(네이버 지식백과 시사상식사전 참고).

수학 공부에 있어서 연산을 강조하는 것은 대표적인 트루시니스다. 특히 초등 수학에서는 연산이 많은 비중을 차지하기 때문에 그렇게 보일 수밖에 없다. 그러나 모든 아이에게 연산이 중요한가에 대해서는 다시 한 번 생각해봐야 한다. 연산은 '학습'이라기보다는 '훈련'에 가깝기 때문이다.

초등학교에서 기초학력 미달 학생을 대상으로 수업을 할 때였다. 아무래도 연산 실력이 부족한 아이들이 많았기에 연산만 반복되는 문제집을 교재로 사용했는데 개인별로 수준에 따라 필요한 부분만 풀도록 했다. 하루는 어떤 아이가 그 문제집을 집에 가져가도 되냐고 물었다. 이유를 들어 보니 엄마가 문제집의 남은 부분을 집에서 풀라고 했다는 것이다. 심지어 그 친구는 잘하는 축에 속해 연산은 거의 부족하지 않은 상태였다. 나는 수준을 좀 더 높여 다른 책으로 공부를 하는 게 낫겠다고 조언했지만 아이의 엄마를 설득하지는 못했다. 많은 부모들이 그러하듯 그 아이의 엄마 역시 초등 시기에는 무엇보다 연산을 탄탄히 다져야 한다고 생각했을 것이다.

하지만 이미 실수 없이 잘 해내고 있는 아이가 반복된 연산 학습으로 얻을 수 있는 것은 탄탄한 실력보다 지루함일 가능성이 더 높다.

초등 수학과 중등 수학의 결정적 차이

같은 덧셈이라도 초등 수준에서는 도구나 그림으로 이해를 하지만 중학생이 되면 이것을 머릿속으로 가져와 생각할 수 있게 된다. 즉 몇 가지 사실을 바탕으로 구조를 알아차릴 수 있는 능력이 생기는 것이다.

중등 수학에서는 초등 수학에서 배웠던 사실들을 수학적으로 정의해보고 구조화하는 작업을 하게 된다. 덧셈식도 초등학생 때는 숫자로만 나타낼 수 있었던 것을 중학생이 되어서 문자도 가능하다는 것을 받아들일 수 있게 되는 것이다. 예를 들어 'a+a=2a'를 이해한다는 것은 수학적 언어를 사용할 수 있고, 덧셈의 구조화가 완성되었다는 것을 뜻한다. 중학교에 갓 입학한 학생들이 가장 생소해하는 것 중 하나는 이처럼 수학에서 문자를 사용하는 것이다. 지금까지

배운 수학은 숫자로만 되어 있었는데 갑자기 문자가 등장하니 어리둥절한 것이다.

초등 수학과 중등 수학의 결정적 차이는 바로 이것이다. 수학이 숫자놀음에서 학문으로 바뀌기 시작하는 것이다. 즉 수학의 세계에서 사용되는 언어를 습득하고 통용되는 사실들을 이해하여 문제를 해결할 수 있게 된다. 초등 수학에서는 더하기를 배우고 빼기를 배우지만 사실 빼기는 더하기와 다름없다는 것을 알게 되는 것이 바로 중등 수학이라고 할 수 있다.

수학이라는 학문을 본격적으로 시작하게 되는 중등 수학을 앞서 언급한 개념을 이해하지 못한 채 풀이 방법을 흉내 내는 방식으로 공부한다면 어떤 결과가 나타날까? 수학 성적이 떨어질까? 꼭 그렇지는 않다. 무지막지한 선행과 반복 학습이 일반화된 우리나라의 교육 실정을 고려했을 때 극히 비효율적이고 무식한 방법일지언정 중학교 성적까지는 이른바 양치기로 극복하고 있는 양상이다. 많은 양의 문제들을 기계적으로 푸는 아이들이 그저 불쌍할 뿐이다.

중등 수학과 고등 수학의 결정적 차이

20년 동안 수많은 학생들에게 수학을 가르치면서 수포자가 가장 많이 발생하는 시기가 중3 때라는 생각을 했다. 수학 교육과정을 들여다보면 중3과 고1 과정이 거의 비슷하다는 것을 알 수 있는데, 이는 중3 때 수학 학습이 제대로 안 되어 있을 경우 고등학교에 가서 어떤 일이 일어날 것인지를 예측할 수 있게 해준다. 그래서 그런지 중3 수학은 결코 쉽지 않다. 그러나 그렇다고 해서 고1 수학과 같다고도 할 수 없다.

중3 수학이 잘 되어 있을 경우 고1 수학은 대체로 편하다. 심지어 재미도 있다. 재미있는 이유는 이제야 비로소 진짜 수학다운 수학을 배울 수 있기 때문이다. 고등 수학은 진로에 따라 선택과목이 많아져 학문으로서의 수학을 좀 더 진하게 맛볼 수 있는 시기다. 그러나 많은 학생들은 고등학교에 입학해 첫 수학 시험을 보고 충격에 빠진다. 분명 중3 때와 배우는 내용은 비슷하지만 문제의 깊이와 차원이 달라지기 때문이다.

고등 수학은 이전에 배운 수학과는 많이 다르다. 중학교 때까지는 한 가지 공식만 알고 있어도 풀이가 가능한 문제가 많았지만 고등 수학부터는 여러 가지 사실들을 알아야만 해결할 수 있는 문제가 등장한다. 즉 종합적인 사고가 가능해야 한 문제를 풀 수 있게 되는 것이다. 수능 기출문제를 분석해보면 교사인 나도 자신이 없을 정도로 너무나 많은 함정이 도사리고 있고, 때론 편집증에 가까운 꼼꼼함이 필요한 문제도 있다. 한마디로 고등 수학 은 매우 어렵다.

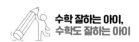

앞서 언급했던 흉내 내기, 눈치 백단, 연산 수학으로 중학교까지 어찌어찌 버텼던 학생들이 이제는 한계에 다다르게 된다. 게다가 고등학교 성적은 진학의 최종 목표로 여겨지는 대학 입시와도 직결되어 있으니 초조함까지 더해져 알던 것도 까먹을 판이다. 학교에서 보는 수학 시험 성적이 그냥 성적표에 인쇄된 숫자에서 끝나는 것이 아니기에 이전과는 다른 무게를 지닌다.

이쯤 되면 학생들은 겁에 질리고 부모들은 어디서부터 잘못되었는지 갈피를 잡지 못한다. 시험을 한 번씩 치를 때마다 자신이 갈 수 있는 대학의 레벨이 한 단계씩 내려가고 있음을 확인하는 것은 고통스러울 뿐만 아니라 수학에 발목이 잡혀 하고 싶은 전공을 선택하지 못한다는 현실에 우울해질 수밖에 없다.

가장 안타까운 것은 이것을 눈 뜨고 당해야 한다는 것이다. 이미 지나간 시간 중에 어느 지점이 잘못되었는지 알 수도 없고 설사 안다고 한들 시간을 되돌릴 수 없기에 손 쓸 방도가 없다.

3 수포자를 양성하는 수학 교육

앞서 많은 학생들이 초등학교에 입학하기 전부터 수학 공부를 시작하지만 고등 수학이라는 큰 관문 앞에서 좌절하는 이유에 대해 간략하게 살펴보았다. 물론 이밖에도 다양한 이유가 존재하고 예외도 분명 있을 것이다. 그러나 현 시대의 많은 학생들이 무리한 선행과 기계적인 반복 학습으로 수학을 공부하고 있는 것은 사실이며 이들이 자의로 이런 방식을 선택하지는 않았을 것이다. 아이들이 잘못된 방식으로 수학을 공부하는 것은 대부분 어른들의 책임이다. 따라서 부모는 물론 교육계 종사자, 사회와 국가를 이끌어 가는 어른들은 아이들을 이런 고통에서 하루빨리 벗어나게 해주어야 한다.

나 역시 수학 교사로서 깊은 책임감을 느낀다. 따라서 수학 교육에 있어 우리 어른들의 한계를 생각해보고 어른들의 부족한 시야로 인해 생길 수 있는 부작용들을 좀더 구체적으로 살펴보고자 한다. 이를 통해 의심 없이 받아들였던 수학 교육에 대한 고정관념을 깨고 우리 아이들이 앞서 언급한 수포자의 수순을 밟지 않도록 하기 위해 어떤 노력을 할 수 있을지 함께 생각해보는 기회가 되었으면 한다.

왜 수학은 엄마표가 별로 없을까?

블로그를 운영하다 보니 비슷한 관심사를 가진 이웃들을 많이 만나게 된다. 특히 엄마표 영어를 실천하는 분들을 많이 만나게 되는데 문득 엄마표 수학에 관심이 있는 경우는 별로 보지 못한 것 같다는 생각이 들었다. 그래서 간단히 블로그 검색을 해보았는데 '엄마표 영어'는 30만 9,831건, '엄마표 수학'은 13만 1,423건으로 두 배 이상 차이가 났다.

언어에 대한 지능은 어릴 때 많이 발달된다고 하니 영어는 가능하면 일찍 시작하는 것이 좋다는 것이 학계의 정설이다. 아무리 그렇다 해도 이렇게 차이가 많이 나는 것은 엄마의 '교육 수월성'에 기인하지 않을까 하는 생각이 들었다. 엄마들 입장에서 수학보다는 영

어를 가르치는 것이 더 쉽게 느껴지는 것이다. 수능에서 영어는 이미 절대평가로 전환된 지 오래고 대학 입시에서 성공하려면 수학을 잘해야 한다는 것이 많이 알려져 있는데도 아직까지 영어에 비해 엄마표 수학은 불이 붙지 않은 걸 보면 수학에 대한 장벽이 높은 것은 사실인 듯하다. 엄마들이 수학에 쉽게 접근하지 못하는 이유는 뭘까? 다음의 연구 결과가 이와 같은 현상을 조금이나마 설명해줄 수 있을 것 같다.

코넬 대학교 사회 심리학 교수인 데이비드 더닝과 워싱턴 주립대 조이스 에링거 교수는 남녀 대학생들에게 과학 추론 퀴즈를 내고 퀴즈를 풀기 전 자신들의 문제 풀이 능력에 대해 스스로 평가하도록 했다. 여학생들은 '이 문제를 내가 풀 수 있을까?'라는 항목에서 10점 만점에 6.5점을 주었고, 남학생들은 7.6점을 주었다. 퀴즈를 풀고 난 후 '문제를 얼마나 잘 풀었나?'라고 물었을 때 여학생들은 5.8점, 남학생들은 7.1점을 주었다. 그렇다면 실제로 남학생들이 여학생들보다 잘했을까? 아니다. 평균은 비슷했다. 여학생들은 7.5점, 남학생들은 7.9점이었다. 그리고 자신의 퀴즈 점수 결과를 모른 상태에서 이들에게 과학경시대회에 참가할 생각이 있는지 물었다. 여학생의 49퍼센트, 남학생의 71퍼센트가 참가하겠다고 답했다. 연구자들은 이런 결과의 원인을 남녀 간 자신감의 차이로 분석했다. 결과와 상관없이 퀴즈를 풀기도 전에 자신감의 차이가 있는 것은 성별에 대한 고정관념으로 인한 내면의 유리천장이 존재하고 있음을 보여준다.

일반적으로 여학생은 남학생보다 수학을 못한다고 알려져 있다. 그러나 앞서 소개한 연구에서 보았듯이 이것은 능력의 차이라기보다는 자신감의 차이에서 비롯된다. 자신감의 차이에서 시작된 것이 결국 여성이 대학에서 수학과 관련된 학과에 진학하는 비율을 떨어뜨리고 자연스럽게 유아교육에도 영향을 미치는 것 같다는 생각이 들었다. 실제로도 수학보다는 영어를 전공하는 여성의 비율이 높고, 이 여성들이 아이를 낳으면 자녀에게 직접 영어를 가르치게 될 확률이 높다. 따라서 엄마표 영어에 대한 자료와 노하우는 점점 많아지고, 후배 엄마들은 노출된 정보가 많으니 영어에 더욱 접근하기 쉬워지는 순환이 일어나게 되는 것이다.

여성들이 본인의 능력과 상관없이 수학에 있어 내면의 유리천장에 갇혀 있다면 무의식적으로 수학은 피하게 될 것이다. 가정에서 자녀들의 교육을 담당하는 사람이 엄마인 경우가 많다고 가정할 때 엄마표 수학이 엄마표 영어보다 관심이 적은 이유 중 하나는 이것이지 않을까 하는 합리적 의심을 해본다.

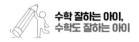
수학 잘하는 아이,
수학도 잘하는 아이

초1부터 시작되는 눈치 게임

"초등학교 4학년인데 중학교 선행 시작해도 될까요?"

"옆집 아이는 벌써 고등 수학 과정을 시작했다는데….."

아이가 초등학교에 입학하면 엄마는 긴장한다. 지금까지는 보육과 돌봄(care)이었다면 이제부터는 교육(education)이 시작되기 때문이다. 그러므로 예체능 교육에 집중하던 엄마들도 아이가 학교에 입학하는 순간 학습 위주의 교육을 시작한다. 이때까지 잘 버티던 엄마들도 아이의 초등학교 입학을 본격적으로 학습을 시작해야 하는 신호로 받아들이는 것이다.

이 시기는 마라톤에서 본게임이 시작되는 시점과 비슷하다. 마라톤을 할 때 초반에 체력을 소모하면 안 된다는 것은 정설이다. 초반에 선두로 달리던 선수들이 막판까지 페이스를 유지하는 경우는 매우 드물다. 이런 점을 모를 리 없는 똑똑한 요즘 엄마들은 초등학생 때는 좀 놀리고 중학생 때부터 본격적으로 달리면 된다고 생각하는 경우도 많아졌다. 나 역시 이러한 교육 방향과 생각에 찬성하는 편이다.

그러나 문제는 역시 엄마의 멘탈이다. 본인은 이 방법이 맞다고 생각하여 아이를 좀 편하게 키우고 있었는데 옆집 아이 이야기를 듣는 순간 자신감이 급속도로 하락하고 만다. 또한 엄마들 모임이라도 다녀온 날이면 밤에 잠이 잘 오지 않고 내가 뭐 잘났다고 아이를 방치하나 싶은 생각도 든다. 이런 불안을 느끼는 순간 계속해서 아이를 편하게 놔둘 수 있는 엄마가 과연 몇이나 될까?

솔직히 말하면 나도 자신이 없다. 팔랑귀인데다 성격도 급해서 딸아이가 초등학교에 다닐 때 엄마들 모임에 한두 번 나갔다가 낚인 적이 있다. 여기서 낚였다는 표현은 물론 내 입장만 고려했을 때다. 누구도 나한테 그렇게 하라고 강요하지 않았으니 말이다.

한번은 어떤 엄마가 숲 체험을 보내자고 해서 아이들을 몇 명 그룹으로 묶은 뒤 선생님 한 명을 붙였는데, 이 체험으로 얻은 것은 딸아이가 벌레를 지독히 싫어한다는 사실뿐이었다. 아이는 벌레를 피해 다니느라 바빠 나뭇잎은 물론 곤충을 관찰하는 것은 상상조차 할 수 없었다고 말했다.

과거의 나 같은 사람은 엄마들 모임에 절대 나가면 안 되는 부류다. 물론 모임에 나가 양질의 정보를 얻어 똑소리 나게 아이를 키울 수 있는 사람도 있겠지만(과연 있을까?) 어떤 모임이든 이야기가 길어지면 본래 취지는 무색해진다. 잘해야 공감과 위로만 남을 뿐 해결책은 딱히 없는 경우가 많다. 만약 당신이 나처럼 팔랑귀에다 성격도 급하다면 엄마들 모임에 나가서 얻는 것보다는 잃는 것이 더 많을 것이다.

학원 딜레마에 빠진 부모와 아이들

학교에서 만난 아이들 중에는 학원에 가기 싫다고 푸념하는 아이들이 제법 있었다. 이유를 들어 보면 '학원 수업이 도통 무슨 말인지 모르겠다' '재미없다'라고 말하는 경우 가장 많았는데, 공부가 늘 재미있을 수만은 없으니 재미없다는 것은 이해가 됐지만 수업을 알아들을 수 없는데 왜 학원을 다니는지 나야말로 이해가 되지 않았다. 그래서 '그럼 학원을 왜 다니느냐?'고 재차 물었더니 돌아오는 대답은 한결같이 '부모님이 가라고 하니까요'였다.

안타까웠다. 내 돈도 아닌데 학원비가 아깝고 억지로 발걸음을 학원으로 옮기는 아이들도 불쌍했다. 학원에서 어찌어찌 시간만 채우고, 집에 가면 숙제를 베끼고 이를 전혀 모르는 부모는 열심히 일해서 번 돈을 매달 꼬박꼬박 학원에 갖다내는 안타깝고 이해할 수 없는 상황을 교사 생활을 하며 수시로 마주쳤다.

그러나 나도 아이를 어느 정도 키우고 나니 이런 부모들의 마음이 이해되기 시작했다. 지친 몸을 이끌고 집으로 돌아와 아이의 공부를 봐줄 시간도 여력도 없는 부모들 입장에서는 야근을 하더라도 돈을 벌어 아이를 학원에 보내는 것이 최선일 수도 있겠다는 생각이 들었다. 하지만 이러한 경우 학원은 교육보다는 돌봄의 기능을 하고 있다고 봐야 할 것이다.

그렇지만 대부분의 부모들은 아이의 성적을 올리기 위해 학원에 보낸다. 그리고 아이를 학원에 보내놓으면 끝이라고 생각하는 경우가 많다. 아이를 잘 키우기 위해 '학원을 검색하고 선택하는 것'까지가 부모의 역할이라고 착각하는 것이다. 학원에 보내놓고 나면 그 시간만큼은 고민에서 해방되므로 어떻게든 이 문제를 빨리 해결하고 싶어 하고, 또 한편으로는 아이를 학원에 보내고 맞이하는 나만의 시간이 달콤한 것도 사실이다. 이는 대부분의 부모들이 학원에서 아이를 오랫동안 붙잡아 두고 공부를 시켜주면 환영하는 것과도 일맥상통한다.

요즘은 초등학생들도 한 번 수학 학원에 가면 기본 2~3시간은 머무는 듯하다. 개념을 배우고 문제를 푼 다음 오답노트까지 작성해야 집에 보내준다고 하니 부모 입장에서는 아이가 보다 확실하게 공부하고 온다는 느낌을 받을 것이다. 그러나 상식적으로 이는 불가능한 기대일 뿐이다. 어른인 나도 2~3시간 동안 수학 공부만 한다면 학습 효과는 둘째치고 머리가 터질 듯이 아프고 괴로울 것이다.

수학적 사고력은 결국 문제를 푸는 능력

학원에서 보내는 시간을 문제 삼았지만 사실 내가 더 중요하게 생

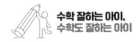

각하는 것은 질적인 측면이다. 그렇게 긴 시간 동안 수학을 공부하는데 왜 아이들은 갈수록 수학을 어려워하고 성적은 떨어지느냐 말이다.

수학뿐만 아니라 모든 교육 마케팅에 있어서 빼놓을 수 없는 키워드로 창의성, 사고력, 문제해결력 등을 꼽는다. 그런데 이것들 모두 눈에 보이지 않는 추상적인 개념일 뿐이므로 계량할 수도 없고 확인할 방법도 없다. 더 나아가 창의성이 있으면 진짜 수학 공부를 하는 데에 도움이 될까? 수학적 사고력이란 대체 무얼 말하는 걸까? 수학 문제를 푸는 데 수학적으로 사고하지 않는 사람도 있다는 말인가? 문제를 잘 풀면 문제해결력이 좋다고 봐도 되는 걸까?

물론 이런 다양한 능력이 없는 것보다는 있는 것이 수학 공부에 도움이 되겠지만 중요한 건 실제로 교육이 일어나는 현장에서 이런 능력을 키우기 위해 '무엇을 하고 있느냐'일 것이다. 예전에는 수학에서 연산을 강조하더니 요즘은 창의성이다. 그런데 이 두 가지 능력을 키우기 위한 공부법이 서로 다를까? 그렇지 않다. 예나 지금이나 수학을 공부하는 방식은 정해져 있다. 즉 '개념을 이해하고 문제를 푸는 것'이다. 따라서 우리는 문제를 잘 풀어서 많이 맞힐수록 앞서 언급한 능력이 뛰어난 것으로 인식할 수 밖에 없는 것이다.

내가 말하고 싶은 것이 바로 이 점이다. 괜히 화려한 미사여구나 마케팅에 흔들려 이런저런 교육법을 기웃거리다가는 이도 저도 아니게 될 확률이 높다. 수학을 잘한다는 것의 본질은 그냥 문제를 잘 푼다는 것과 다르지 않다. 그렇다면 우리가 집중해야 할 것은 '어떻게 하면 아이가 문제를 잘 풀 수 있도록 도울 수 있을까'이다. 즉 아이가 수학 공부에 있어서 어려워하는 점이 무엇인지부터 면밀히 파악하여 해결책을 찾아봐야지 다양한 교육법(그것도 마케팅에 의한)을 아이에게 적용하는 것은 원인도 모른 채 이것저것 시도하며 시간만 낭비하는 헛수고일 뿐이다. 시간이 남아돈다면 모를까 질 것이 뻔한 싸움이다. 그리고 이것 또한 앞서 지적한 '내 마음이 편하자고 하는 일'에 불과하다.

　수학적 사고력을 기를 수 있다며 제시하는 다양한 교육법이 실제로 효과가 있는지는 모르겠다. 하지만 그 효과는 제한된 환경에서 그 방법에 숙련된 교사가 일정 시간 동안 학습자에게 제대로 교육을 했을 때 나타나는 것이다. 어떤 교육법이 효과가 있다는 것을 검증하는 것은 실험실에서나 가능한 것이지 우리의 일상에서 실현하기란 결코 쉽지 않다.

수학만 잘해도 삶이 쉬워진다

'수학 공부를 왜 해야 할까?'

이미 수학의 중요성에 대해 인지하고 있으므로 이 책을 집어든 당신이겠지만 세상을 살아가는 데 있어 수학을 왜 배워야 하느냐고 아이가 묻는다면 어떻게 대답해줘야 할까? 앞서 언급했듯이 수학 교사인 나도 학생들에게 이 질문을 수도 없이 들었다. 그때마다 두뇌가 좋아진다, 문제해결력이 좋아진다 등의 답을 해주게 된다. 하지만 아이들은 어렵고 힘든 수학 공부에 대한 더 큰 동기 부여가 필요하다는 듯, 아니면 삶을 살아가는 데 굳이 이렇게 어려운 수학 문제와 왜 씨름을 해야 하는지 모르겠다며 항변하듯 더 솔깃하고 그럴듯한 답을 원했다.

수학의 중요성이 점점 더 커지고 있는 이 시대에 수학 공부를 왜 해야 하는지 한마디로 정의할 수는 없지만 너무도 분명한 것은 수학만 잘해도 삶이 쉬워진다는 것이다. 왜 그럴까? 그 이유에 대해 함께 고민하고 살펴본다면 부모로서 아이에게 수학 학습에 있어서 보다 현실적인 조언을 해줄 수 있을 것이다.

문과생에게 더욱 중요한 수학

2022학년도 대학 입시는 문과생들에게 너무도 가혹했다. 문·이과 통합 수능 체제로 시험이 치러지면서 문과생들이 수학에서 너무나 많은 피해를 보게 된 것이다. 이과생들에게 상위 등급을 고스란히 내준 문과생들은 이것도 모자라 수학에서의 상대적 우위를 이용한 이과생들의 교차지원으로 또 한 번 울어야 했다. 당분간 이러한 체제가 유지가 될 것임을 감안할 때 수학을 못해서 문과로 진학한 학생들은 또다시 수학에 발목이 잡히는 상황이 지속될 전망이다.

개인적으로 현재의 문·이과 통합 수능 체제는 개선될 필요가 있다고 생각하지만 이와는 별개로 지금 당장 수학을 공부해야 하는 학생들 입장에서 수학 성적이 가지는 의의는 무엇일까?

문과를 지망하는 학생들에게 수학은 이제 버릴 수 없는 과목이

되었고, 반대로 수학을 잘하는 문과생들은 오히려 기회를 맞이했다고 생각한다. 즉 문과생이 수학을 잘할 때 얻을 수 있는 이점은 한두 가지가 아니다.

수학은 유독 성적을 올리는 것이 쉽지 않은 과목임에 틀림없다. 그래서 많은 학생들이 수학 공부에 엄청난 시간을 쏟아붓고 있는데, 만약 수학을 잘한다면 수학 성적이 좋을 뿐만 아니라 다른 과목을 공부할 수 있는 시간을 확보하게 되는 효과도 있다. 실제로 2020년 4월, 통계청과 여성가족부에서 발표한 '2020년 청소년 통계'에서 과목별 사교육 참여율은 수학 47.2퍼센트, 영어 44.1퍼센트, 국어 21.3퍼센트, 사회·과학 12퍼센트 순으로 우리나라 청소년들은 수학 공부에 가장 많은 시간을 쏟고 있었다.

또한 수학은 전통적인 문과 성향의 과목인 사회나 국어에도 결정적인 영향을 끼친다. 만약 고등학교에서 상위권을 노리는 친구라면 사회문화나 한국지리 등 다양한 선택과목에서 고득점 문제를 포기할 수 없을 것이다. 이른바 이러한 킬러 문제(최고난도 문제)는 주로 도표와 그래프를 해석할 줄 알아야 풀 수 있는 것들이 대부분이다. 고득점을 원한다면 통계를 이해하고 이를 활용할 수 있는 능력이 필수적이라는 의미다. 문과생들이 이런 문제들을 어려워하는 이유는 수학적 언어를 이해하고 활용하는 것에 서툴기 때문이다. 국어의 비문학 문제에서 종종 등장하는 자연과학 관련 지문이 문과생들에게 생소한 이유도 같은 맥락이다.

수학이라는 무기를 가진 문과생은 성적에 있어서 직간접적으로 많은 혜택을 볼 수 있다. 따라서 앞으로는 수학을 못해서 문과를 지망한다는 말은 어불성설이 될 것이다.

수학의 진정한 쓰임이란

우리의 인생은 수많은 문제들의 집합이라고 해도 과언이 아니다. 오늘 저녁은 무얼 먹을지, 방학에는 어디로 여행을 갈지 등 사소한 문제부터 진학, 진로에 대한 중요한 문제까지 우리는 매 순간 우리 앞에 주어진 문제들을 풀어가며 살고 있다.

물론 인생을 살아가는 동안 겪는 문제와 수학 문제는 차원이 다르지만 이를 해결하는 방식에는 공통점이 많다. 어떤 문제를 푼다는 것은 결국 주어진 조건을 최대한 활용하여 최적의 방법을 찾아내는 활동이기 때문이다. 문제를 잘 해결하는 사람은 주어진 조건을 확인하고 그것들을 어떻게 활용해야 내가 원하는 것을 얻을 수 있을지에 집중한다.

수학 문제를 잘 풀고 싶은 학생이라면 평소에 수학적 개념을 이해하고 이것을 적용해 문제를 해결해보는 연습을 많이 할 것이다. 다양

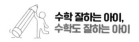

한 문제들을 많이 해결해볼수록 처음에는 두렵게 느껴지던 문제가 점차 익숙해지고 해결하는 데 드는 시간과 노력이 단축된다. 우리 인생에 주어진 문제도 마찬가지다. 누구나 인생은 한 번뿐이므로 미리 경험해볼 수 없고 따라서 우리가 살면서 해결해야 하는 다양한 문제들은 언제나 두려울 수밖에 없다. 그러나 연습을 해볼 수 있는 방법이 있다면 어떨까?

물론 시간을 되감는 것은 불가능하므로 직접적으로 연습해볼 수는 없다. 그러나 해결해야 할 문제가 무엇인지 집중한 후 가장 바람직한 결과를 도출할 수 있는 하나의 방법이나 선택지를 고르는 것은 인생에서 필수적인 과정으로 수학 문제를 풀 때 주어진 조건을 활용해 정답을 찾아가는 과정과 크게 다르지 않다.

인간은 생각보다 비이성적이라고 한다. 인생에서 중요한 결정을 감정적으로 내려버린다면 소중한 시간을 낭비하는 결과로 이어질 수 있기에 우리는 이것을 가능한 한 이성적으로 접근해야 하고, 그것을 가능하게 해주는 한 가지 도구가 바로 수학이다. 수학을 공부함으로써 길러지는 수학적 사고력과 문제해결력은 매일 맞딱뜨리는 우리 인생의 수많은 문제들을 해결하는 데 있어 매우 유용하게 작용하는 것이다.

수학을 꼭 잘해야 한다고 주장하는 것이 아니다. 문제를 해결하는 방식, 논리적으로 사고하는 방식은 수학이라는 학문 자체를 경험해

봄으로써 배울 수 있다. 좋은 대학을 가기 위한 수단으로만 수학을 대하기보다 좀 더 마음을 열고 수학을 즐기는 학생들이 많아지길 바랄 뿐이다.

세계 각국이 수학에 주목하는 이유

4차 산업혁명 시대가 도래하면서 우리는 곳곳에서 수학의 중요성에 대해 귀가 닳도록 듣고 있다. 세계 주요 국가들 또한 4차 산업혁명의 핵심 과목이라고 할 수 있는 수학에 대한 관심과 역량을 끌어올리기 위해 총력을 기울이기 시작했다.

일본의 경제산업성·문부과학성은 〈수리자본주의의 시대: 수학의 힘이 세상을 바꾼다〉라는 보고서에서 "파괴적 혁신을 일으키기 위한 가장 보편적이고 강력한 도구는 수학이다"라고 단언하며 수학이 국부의 원천이 되는 시대가 도래했음을 알렸다. 그리고 미국과 비교하며 수학 전공자들의 처우를 개선해 산업계 진출을 적극적으로 도모해야 한다고 목소리를 높였다.

1·2차 산업혁명을 주도했던 영국도 수학이 AI, 첨단 의학, 스마트 시티, 자율주행 자동차, 항공우주 등 4차 산업혁명의 심장이 되었다며 다시 세계의 중심에 서려면 수학 인재 확보 및 관련 인프라 구축

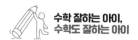

에 모든 것을 걸어야 한다고 강조했다. 영국 중앙은행이 자국의 천재 수학자 앨런 튜링을 50파운드 지폐의 초상 인물로 결정한 것은 결코 우연이 아니다. 튜링이 'AI의 창시자'로 불리는 수학자임을 감안하면 영국이 과거의 영광을 되찾기 위한 열쇠를 수학에서 찾고 있음을 전 세계에 공언한 것이나 다름없다(《한국경제신문》 2019.8.18 기사 참고).

세상이 이렇게 돌아가니 문·이과 통합 수능 체제를 마냥 비판할 수만도 없는 노릇이다. 오늘날 세계 강대국들은 새로운 세상을 움직이는 강력한 도구로서 수학에 포커스를 두기 시작했고 자타공인 IT 강국인 우리나라 또한 이러한 시류에서 벗어날 수 없기 때문이다.

나는 어떤 부모인가

당신이 꼰대라면 가르칠 생각은 그만두세요

쇼펜하우어는 허무주의를 추구하는 사상가답게 교육에 있어서도 온갖 '하지 말라는 것' 투성이다. 그러나 자기 주도력 측면에서 보면 반가운 철학자임이 분명하다. 그는 대부분의 사람들이 일생 동안 그릇된 생각과 망상, 편견 혹은 선입관을 갖고 있으며 이것들이 딱딱하게 굳어지면 새로운 배움은 일어날 수 없다고 말했다. 요즘 우스갯소리로 자주 들리는 '꼰대'를 설명하는 듯하다.

이렇게 자란 어른이 아이에게 섣부른 교육을 시작하게 되면 어떤 일이 일어날까? 자연스럽게 아이는 기성세대의 편견을 흡수하게 되

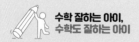

고 이는 또 한 명의 기성세대를 탄생시키는 결과를 낳는다. 이런 이유로 그는 18세 이전에 수학과 언어를 제외한 가치판단의 오류가 개입될 여지가 있는 학문은 멀리하는 것이 좋다고 말했다. 또한 피교육자의 직관으로 이해되지 않는 것은 결코 교육이라 할 수 없다며 아이의 직접경험을 가치 있게 여기고 교육에 있어서 피교육자의 의지와 판단을 중시했다.

쇼펜하우어에 따르면 우리 어른들은 이미 편견에 찌들었고 따라서 이런 상태로 아이를 교육한다는 것은 어쩌면 아이를 망칠 수도 있다는 이야기로 들린다. 18세가 될 때까지 언어와 수학 공부만 하면 좋겠지만 현실은 대학 입시를 준비해야 하고, 아이를 자기 주도적으로 키우고 싶지만 부모 또한 그러한 교육을 받아본 적 없는 기성세대다.

우리가 받았던 교육을 생각해보자. 가끔 블로그에 어른으로서 아이를 대할 때 조심해야 하는 것들에 대한 칼럼을 쓰면 댓글 중 빠지지 않는 것이 본인의 경험담이다. 그만큼 우리는 어릴 적에 어른들로부터 크고 작은 상처를 많이 받았다. 그런데 이런 상처는 기억에라도 남아 있지만 어른들로부터 자연스럽게 흡수된 가치관과 고정관념은 어느새 깊이 스며들어 지금은 그 흔적조차 보이지 않는다.

우리가 고지식한 어른들을 꼰대라고 놀리면서 '혹시 나도?'라고 의심하는 것은 이미 나 또한 기성세대임을 인정하는 꼴이다. 만약 학창 시절에 모범생 소리를 듣고 자랐다면 더욱 그럴 수 있다. 부모로서 내가 만약 기성세대의 편견을 잣대로 아이를 대하고 있었을 확률이 높다면 자연스럽게 다음과 같은 의문이 생긴다. '내가 알고 있는 것을 아이에게 그대로 가르쳐도 되는 걸까?'

아이를 사장님의 눈으로 바라보고 있지는 않은가?

자식이 공부를 잘하면 잘하는 대로 못하면 못하는 대로 걱정인 것이 부모 마음이다. 그러나 잘하지도 않고 못하지도 않는 아이들의 부모 역시 걱정을 안고 사는 건 매한가지다. 이런 아이들은 대부분 공부를 죽을 만큼 싫어해서 절대로 못하겠다고 버티는 것은 아니지만 그렇다고 자발적으로 열심히 하는 편도 아니다. 부모가 시키면 시키는 대로 하기에 성적이 하위권은 아니지만 계속해서 이런 식으로 하는 것이 언제까지 통할까 싶고, 악착같이 공부에 욕심을 내고 무섭게 치고 나가는 다른 아이들을 보면 머지않아 우리 아이는 상대도 되지 않을 것 같다.

이런 어중간한 상태의 아이라면 계속해서 공부를 시키는 것이 맞는지 차라리 마음 편하게 실컷 놀게 하고 사교육비를 줄여서 노후 대비를 든든히 해두는 편이 나은지 의문이 들 수밖에 없다.

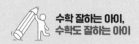

중위권 성적의 아이들 부모라면 누구나 한번쯤은 이런 고민을 했을 것이다. 눈에 띄는 성과를 보여주면 확실히 밀어줄 텐데 아무리 봐도 그 정도로 공부에 열의를 가지고 있지는 않은 것 같다. 그렇다고 아예 못하면 깔끔하게 포기라도 할 텐데 시키는 대로 잘 따라와주는 편이라 손을 놓아버리기도 아깝고 이래저래 애매한 것이다.

이런 고민을 하는 부모들은 성급하기도 하지만 공부에 너무 많은 기대를 하고 있는 것 같다. 공부를 잘하면 성공할 것이라는 믿음이 강하기 때문에 반대로 공부를 못하면 빨리 다른 길을 찾아주어야 한다고 생각하는 것이다. 이러한 마음가짐은 공부를 수단으로 전락시킨다. 물론 이것은 우리나라 교육의 고질적인 문제다. 공부보다늘 성적이 중요하고 공부 자체의 의미는 실종된 지 오래다. 공부의 결과물인 성적만이 다음 스텝을 결정하므로 모든 공부가 선발의 도구가 되어버린 것이다.

공부가 아이의 인생에서 수단으로 전락하면 아이는 실적을 강요받는 영업사원이 되고 부모는 은연중 회사의 사장처럼 아이를 대하게 된다. 당신을 고용하기 위해 회사가 지불하는 돈이 얼만데 고작 이런 실적뿐이냐며 다그치듯 한다. 아이에게 "내가 너에게 쏟은 노력이 얼만데…" 하는 순간 부모는 이미 고용주 마인드인 것이다.

지난달보다 나은 성과를 내야만 회사에 붙어 있을 수 있는 영업사원처럼 아이는 부모가 투입하는 노력에 대해 자신이 시험 점수로 보답해야 한다고 생각하고 이것은 엄청난 압박감으로 작용한다.

학생이 학교에 다니고 공부를 하는 것은 일상이자 삶이다. 아이가 학교에 잘 다니고 큰 무리 없이 공부를 해낸다면 이미 자신에게 주어진 삶을 잘 살고 있는 것이다. 성적이 좋지 않다고 해서 아이가 삶을 대충 살았다고 할 수 있을까? 반대로 성적이 좋으면 잘 살고 있는 걸까?

아이가 학생으로서의 본분에 크게 어긋나지만 않는다면 이미 아이는 충분히 잘 살고 있다고 생각한다. 열심히 뒷받침을 해주는데도 아이의 성적이 신통치 않아 답답하다면 그건 부모의 마음이 아니라 고용주의 마음이다.

또한 성적이 좋아야 앞으로 남은 인생을 잘 살 수 있다는 믿음은 자식을 너무 소극적인 사람으로 자라게 한다. 공부를 잘해야 가질 수 있는 직업의 수는 손에 꼽을 수 있을 정도로 적지만 많은 부모들이 이 길로 아이들을 몰아가고 있다. 그 길만이 안전하다고 착각하면서 말이다. 노량진에 수많은 공시생들이 생겨난 이유가 취업난 때문만은 아닐 것이다. 선발을 위한 공부에 익숙해진 아이들은 배운 게 그것뿐이니 또 다른 선발을 위해 공부를 하는 것이다. 그 공부가 실무에 얼마나 도움이 될지는 모르겠지만 수백 대 일의 경쟁률은 지금 얼마나 많은 젊은이들이 이러한 소모전에 참가하고 있는지를 여실히 보여준다. 이것이 교육의 바람직한 방향이라고 할 수 있을까?

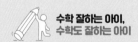

공부에 너무 많은 의미를 두지 말라고 말하고 싶다. 아이가 눈에 띄게 잘하는 것이 없다고 열등한 것이 아니다. 공부를 해나가다 운 좋게 공부가 적성에 맞고 그것을 통해 능력도 발휘할 수 있으면 나쁘지 않다 정도지 그것이 반드시 좋다고는 말할 수 없다. 그만큼 우리의 삶은 공부가 모든 걸 해결해주지 않는다.

한번 생각해보자. 정말로 공부만 잘하면 모든 게 해결되던가? 혹시 다른 방법을 찾기 귀찮은 것은 아닌가? 그리고 반성해보자. 나는 아이를 부모의 눈으로 바라보고 있는지, 고용주의 눈으로 바라보고 있는지 말이다.

선택의 힘이 가지는 가치

교실 청소를 하기 싫어하는 아이들에게 선택권만 주어도 태도가 달라진다는 사실을 알고 있는가? 청소는 기본적으로 하기 싫은 일이지만 빗자루질과 유리창 닦는 일 중 하나를 선택할 수 있게만 해줘도 아이들은 좀 더 적극적인 자세로 변한다.

그 비밀은 뭘까? 자기 주도력의 한 형태인 '선택의 힘' 때문이다. 우리가 아이에게 이래라저래라 하는 이유는 사실 내 지배욕구 때문인지도 모른다. 물론 아이가 위험한 길로 들어서지 않도록 적절한 방법으로 조절해줄 필요는 있지만 아이를 내 통제 하에 두고 싶은 마음과 교육을 혼동해서는 안 된다.

인간이 선택권을 가질 때 자신의 힘을 느끼고 힘을 갖고자 하는 것은 기본적인 욕구다. 그리고 부모는 이 힘을 아이에게 사용함으로써 무의식적으로 본인의 영향력을 확인하고 싶어 한다. 어른이 사회인으로 살아가면서 일방적으로 지시하고 명령할 수 있는 관계의 대상을 만나기는 쉽지 않다. 사장이라도 부하 직원을 잘 부리려면 눈치를 봐야 하는 것이 사회생활이다. 그런데 내가 낳은 아이에게는 훈육이라는 미명 하에 내 마음대로 조종하고 있는 건 아닌지 고민해 볼 필요가 있다. 자식을 자신의 힘을 확인하는 대상으로 삼아서는 안 된다는 것을 알면서도 때때로 우리는 아이가 내 뜻대로 움직여주길 바라며 압박과 강요를 서슴지 않는다.

그러나 아이 또한 인간이므로 힘을 갖고 싶어 하고 느끼고 싶어 한다. 아이가 어느 정도 자라 힘을 쓰게 되면 부모의 힘과 자식의 힘이 부딪히는 순간이 온다. 부모는 반항이라고 생각해 감정이 상하지만 부모라면 자식에게 힘을 써볼 기회를 주고 더욱 강하게 길러주어야 마땅하다. 이 힘은 완전한 인간으로 거듭나고 성숙해지는 데 필수적이기 때문이다.

어떤 동물이든 새끼가 독립할 시기가 되면 부모는 훈련을 시킨다. 다소 매정할 만큼 새끼를 사지로 몰아넣으며 강하게 키우는 것

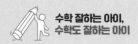

이 어미로서, 아비로서 자식에게 해줄 수 있는 최고의 선물이라 여긴다. 그 힘을 키워주는 것만이 냉혹한 자연의 세계에서 새끼의 목숨을 지키는 유일한 방법임을 알기 때문이다.

일반적으로 부모는 자식보다 먼저 세상을 떠난다. 언제까지 자식의 뒷바라지를 해줄 수도 없고 뒷바라지가 한편으론 부모의 힘을 아이에게 과시하는 측면이 있을 수도 있다는 것을 인정한다면 우리는 하루빨리 아이의 독립을 위한 훈련을 시작해야 한다. 아이가 세상 밖으로 나가기 전에 자신을 알고 자신이 가지고 있는 힘을 적절하게 써보는 연습이 필요하다는 뜻이다.

또한 지금까지 스스로 선택하고 결정하는 즐거움을 부모라는 이유로 독차지한 건 아닌지 생각해보아야 할 것이다. 아이에게 선택권이 많아지고 스스로 결정하는 일이 늘어날수록 인간의 본성에 있는 힘이 증대되고 이는 앞으로 세상을 살아가면서 무수히 부딪힐 선택의 순간에 빛을 발할 것이다.

자기 내부에 있는 힘의 존재를 알아차리고 경험해본 사람만이 인생을 만족스럽게 살 수 있다고 생각한다. 자식이 품 안에 있을 때 많이 먹이고 입히는 것에 치중하지 말고 행복에 이르는 길을 스스로 찾을 수 있도록 정성을 쏟는 편이 더욱 바람직할 것이다.

진짜 부모가 되는 길

누군가가 보낸 상담 요청 글을 읽고 조언을 하다 보면 부끄러워지는 순간이 있다. 남들에겐 이렇게 저렇게 하라고 가르쳐주는 입장이지만 과연 나는 잘하고 있는지 되돌아보면 아닐 때가 많아서인 듯하다. 교육계에 있다 보니 어쩔 수 없이 정보는 많고 아이에게 관심도 많아 자꾸 아이를 내 뜻대로 고치고 싶어 하는 습성이 튀어나온다. 아이를 자기 주도적으로 키우고 싶다면서 내 주도력을 아이에게 행사하려는 것이다. 그러다 보면 자녀 교육에 관심이 많은 여느 엄마들처럼 잔소리꾼이 되기 십상이다. 늘 이것을 경계하지만 뜻대로 잘 되지 않는다.

며칠 전 상담 요청을 한 어떤 엄마는 나와 정반대로 겁쟁이다. 자기 주도 학습이 잘되는 똘똘한 아이를 키우고 있는데 그것을 핑계 삼아 특별히 뭔가를 아이에게 시켜본 적이 없다고 했다. 혼자서도 잘하니 부모가 개입할 필요가 없었을 것이다. 그러나 아이에게 진로를 정해야 할 시기가 다가오자 문제가 생겼다. 어느새 아이가 훌쩍 커서 뭔가를 조언해줄 나이가 됐는데 그동안 진로와 관련하여 특별한 관심을 두지 않았기에 현실이 어떤지, 세상이 어떻게 돌아가고 있는지 잘 알지 못했기 때문이다. 본인이 아는 것이 없으니 아이에게 해줄 말도 딱히 없어서 미안한 마음이 든다고 했다.

이런 겁쟁이 부모는 아이를 편안하게 해주는 측면이 있어서 꼭

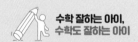

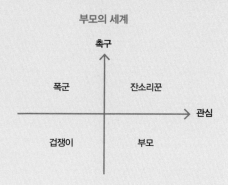

부모의 세계

나쁘다고 할 수 없지만 좀 더 용기를 낼 필요가 있다. 물론 노력이 필요하겠지만 예외적인 상황을 제외하면 부모는 자녀보다 어떤 선택의 기로에서 섰을 때 연륜과 경험을 바탕으로 현명하게 판단할 확률이 높다. 이 말에 동의한다면 부모로서 아이에게 좋은 자극을 줄 기회를 결코 놓쳐서는 안 된다.

다행인 것은 겁쟁이 부모가 폭군 부모보다 백배 천배 낫다는 것이다. 진정 아이를 위한 관심은 적으면서 이래라저래라 지시만 하는 부모는 아이를 망치기 쉽다. 아이가 잘 자라길 바라는 마음에서 아이에게 이것저것 시키는 것이겠지만 정확한 사실을 확인하거나 양질의 정보를 수집하는 수고는 하지 않는 것이 문제다. 이런 부모는 아이에게 자신의 지배욕구를 해소하고 있는지도 모른다.

부모라는 단어는 가볍다면 가볍고 무겁다면 한없이 무겁다. 아이가 탄생하는 순간 부부는 자동으로 부모가 되지만 진짜 부모가 되기 위해서는 많은 노력이 필요하다.

2장

초등 수학에서
놓치지 말아야 할 것과
놓아야 할 것

1 수학의 기본은 연산이 아닌 독해력

수학 선행 학습을 전혀 하지 않은 초등학교 6학년 아이를 만난 적이 있다. 다른 친구들은 벌써 중학교 과정을 배우고 있는데 본인만 진도가 늦은 것 같다며 두려워하고 있었다. 선행학습 없이도 수학을 곧잘 하던 아이는 유난히 책을 좋아했다. 수업을 해보면 확실히 독서를 많이 한 아이들은 표가 난다. 독해력이 좋아서 그런지 이해도 빠르고 정확하다. 가장 빛을 발할 때는 문장제 문제를 풀 때다. 문장형 문제는 일단 글을 읽고 해석을 할 줄 알아야 식을 세울 수 있다. 그런데 이 아이는 실수로 계산을 틀릴지언정 식을 잘못 세우는 경우는 없었다. 독서의 힘이 얼마나 강력한지 새삼 깨달았던 순간이었다. 독서를 많이 하면 국어뿐만 아니라 수학도 잘할 수 있다.

수학 동화를 읽으면 수학을 잘할까?

딸아이가 한글을 떼고 나서부터 나의 화두는 독서였다. 각종 자녀 교육서에서 빼놓지 않고 강조하는 것이 바로 독서였는데, 아이에게 책을 많이 읽히면 읽힐수록 이해력은 물론 독해력과 집중력이 좋아진다고 했다. 마치 만병통치약 같은 독서의 힘은 아무리 강조해도 지나침이 없었고 나 또한 책을 좋아하는 편이라 자연스레 아이에게 독서를 강조하곤 했다.

그런데 아이는 야속하게도 책을 좋아하지 않았다. 그나마 초등학생이 되어서는 추리물에 흥미를 느껴 도서관에서 빌려다주는 추리소설 정도만 좀 읽을 뿐이었다. 욕심 같아서는 아이가 다양한 책을 두루 섭렵하면 좋으련만 역시 자식 일은 내 맘대로 되지 않았다. 언젠가부터 서점에 '수학 동화'라는 게 나오기 시작했다. 유아들이 보는 동화책인데 이야기 속에 수학적 개념들을 잘(?) 버무려놓은 것 같았다. 굳이 기존의 동화와 구분해서 수학 동화라는 이름을 붙일 필요가 있나 싶었지만 어차피 마케팅을 위한 전략이니 그러려니 했다. 그러나 엄마라는 이름의 약자는 이러한 것들을 그냥 지나치기 어렵다. 그냥 '동화'만 있을 때는 몰랐지만 '영어 동화' '수학 동화' '과학 동화' 등 수많은 동화들은 학창 시절에 배웠던 교과서를 떠오르게 한다. 그리고 전 과목을 잘해야만 성공할 수 있는 대한민국에 살고 있

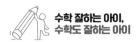

수학 잘하는 아이,
수학도 잘하는 아이

음을 인지하는 순간 동화책도 과목별로 구입해야 한다는 생각에 이른다.

그런데 만약 아이가 내 딸처럼 책을 싫어한다면 어떨까? 수학 동화를 구입한다고 해서 제대로 읽기나 할까? 그나마 관심 있던 추리 소설조차 읽기 싫어지게 만들지도 모른다. 수학 실력을 쌓기 위해 책을 읽히는 것은 당연히 좋은 방법이지만 억지로 읽히는 것은 득보다 실이 크다는 의미다. 솔직히 '수학'이라고 이름 붙은 것은 재미있기가 쉽지 않다. 이러한 것들을 억지로 읽히다 영영 책을 싫어하게 만드는 것보다는 추리 소설이라도 읽는 즐거움을 느끼게 해주는 편이 백번 낫다.

긴 문제가 어렵게 느껴지는 이유

독서를 많이 한 초등학생이라면 수학 문제에 있어 특히 문장제 문항에 유리하다. 독해력이 강하다면 확실히 도움이 되는 문제 유형인데, 그렇다면 이런 문제를 활용해 독해력을 향상시켜 보는 것은 어떨까?

아이들에게 문장제 문항을 싫어하는 이유를 물어보면 단순히 '어려워서'라고 답한다. 그러나 문장제 문항이 모두 어려운 것은 아니다. 문제를 천천히 해석해주고 식을 세워보라고 하면 어렵지 않게 해결하는 경우가 많다. 대부분 문장을 해석하지 못해서 틀리는 것이지 진짜 수학적으로 어려운 문제여서 틀리는 경우는 별로 없다.

그렇지만 이런 선입견 때문에 아이들은 긴 문제만 봐도 기겁을 한다. 독해가 안 되는 것과 수학 실력이 부족한 것을 구분해야 함에도 긴 문제는 그냥 단순히 '어려운 문제'라고 인식해버리는 것이다.

그러므로 이 둘을 분리해서 두려움을 없애주는 훈련이 필요하다. 먼저 문장제 문항을 그냥 읽고 해석만 해보도록 하는 것이다. 꼭 식을 세우고 계산을 하여 정답을 맞혀야만 맞은 것으로 인정하지 말고, 문제를 잘 읽고 이해한 것을 말로 표현해보는 연습을 하는 것이다. 거기까지만 해도 반은 맞은 것이나 다름없다. 우리는 수학 문제를 대할 때 너무 정답에만 연연하느라 많은 것들을 놓치기도 한다. 수학은 딱 떨어지는 정답이 있어서 좋다. 하지만 반대로 정답이 아니면 모든 것을 부정해버릴 수 있기 때문에 위험한 과목이기도 하다.

수학으로도 독해력을 키울 수 있다

수학에 필요한 독해력을 꼭 독서로만 얻을 수 있는 것은 아니다. 독

서가 아무리 학습에 도움이 된다 한들 아이가 책을 읽고 싶어 하지 않으면 아무 소용이 없고, 수학을 잘하는 학생들이 모두 독서를 많이 하는 것도 아니다.

생각을 좀 달리 하면 나는 수학으로도 독해력을 향상시킬 수 있다고 생각한다. 방법은 '배운 것을 설명해보는 것'이다. 우리가 어떤 수학적 개념을 처음 배울 때를 상상해보자. 누구나 처음에는 다른 사람에게 설명을 듣거나 교재와 같은 책을 통해 새로운 사실을 습득하게 된다. 즉 일방적으로 받아들이는 입장일 수밖에 없다. 그렇다면 내가 습득한 것을 남에게 설명할 때는 어떤 상태일까? 경험해봐서 알겠지만 알고 있는 것과 설명하는 것은 많이 다르다. 다른 사람에게 잘 설명할 수 있다는 것은 거의 완벽하게 이해하고 있음을 의미하고, 이것을 위해서는 독해력뿐만 아니라 다른 여러 가지 복합적인 능력이 필요하다.

많은 학교에서 또래 멘토링 프로그램을 운영하는 것도 바로 이러한 능력을 고양하기 위함이다. 또래 멘토링은 배우는 학생과 가르치는 학생 모두에게 교육적 효과가 있는 것으로 밝혀졌는데, 가정에서는 또래 역할을 부모가 대신 해줄 수 있다.

나 역시 아이들에게 수학을 가르칠 때마다 수업 말미에는 반드시 중간 정도의 성취도를 보이는 학생에게 오늘 배운 것을 말해보도록 하는 시간을 갖는다. 그러면 개념을 정확히 표현하기는 어려워하지만 중간 중간 핵심 키워드만 언급해주어도 아이는 설명을 이어나갈 수 있다. 우여곡절 끝에 설명이 끝났다면 다시 한 번 정리해서 말해보게 하는데 아이 본인이 처음보다는 훨씬 정돈되고 수학적 언어를 사용해 표현할 수 있음을 알게 된다.

물론 처음부터 잘할 수는 없다. 쉬운 내용이라도 자신만의 언어로 표현하는 것은 서툴 수 있고, 어쩌면 잘못 이해하고 있음이 드러날 수도 있다. 그러나 이런 경험이 계속 쌓이면 어떻게 될까? 독해력이 좋아지는 것은 물론 정확하게 개념을 이해하게 됨으로써 예상치 못한 좋은 효과를 얻을 수 있으니 부디 꼭 한번 시도해보길 바란다.

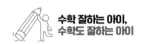

수학에 대한 자신감이 곧 실력이다

중학교 2학년 학생들을 가르칠 때 만난 아이가 기억 난다. 수업 시간이 되면 단짝 친구와 붙어 앉아 종알대던 귀여운 학생이었는데 한 가지 이상한 점이 있었다. 수업을 열심히 듣지도 않으면서 매시간마다 친구를 끌고 와 맨 앞자리에 앉는 것이었다. 교사로서 학생이 내 수업 시간에 일부러 앞자리에 앉으면 예뻐 보이는 것이 사실이다. 그런데 이 아이는 앞자리를 사수하는 것으로 보아 공부를 하겠다는 의지는 있었지만, 정작 수업이 시작되면 친구와 속닥거리는 재미에 금방 빠져버리고 말았다.

하루는 그 아이를 불러서 진지하게 물어보았다. 매시간 떠드는 바람에 구박을 받으면서도 앞자리에 앉는 이유가 궁금했기 때문이다.

아이의 대답은 전혀 뜻밖이었다.

"선생님, 저는 수학을 잘하고 싶어요."

그동안 아이의 수업 태도는 수학을 잘하고 싶은 아이의 모습이 전혀 아니었기 때문에 조금 놀랄 수밖에 없었다. 아이는 놀라워하는 나를 이해한다는 듯이 웃었고 심지어 본인의 수학 실력도 현재 형편없는 상태라는 걸 잘 알고 있었다. 그럼에도 불구하고 자기는 수학을 잘하고 싶다고 했다. 그래서 매번 수학 시간이 되면 열심히 들어야지 하는 마음을 먹고 앞자리에 앉지만 친구가 말을 걸면 쉽게 무너지고 만다고 했다. 아이에게 나는 일단 그 마음이면 됐다고 말하며 어떤 어려움이 와도 수학을 잘하고 싶은 그 마음을 잘 지키라고 당부했다.

이 아이는 중3이 되어서도 변함이 없었다. 내가 꾸준히 관심을 가지고 지켜보고 있다는 걸 알아서 였는지 모른다. 나와 마주치면 죄송스러운 눈빛을 보내기도 했지만, 안 하던 공부를 마음먹고 시작한다는 것은 말처럼 쉬운 일이 아니었다. 몇 마디 말을 걸어보면 여전히 성적은 별로였다. 하지만 언젠가 반드시 수학을 잘할 거라는 다짐만큼은 누구에게도 뒤지지 않았다.

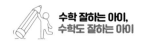

수학 잘하는 아이,
수학도 잘하는 아이

근자감이라도 괜찮아!

놀랍게도 이 학생은 현재 모 대학 수학교육과에 재학 중이다. 처음 그 소식을 듣고는 시크릿류의 자기계발서에서나 보았던 '네가 원하면 온 우주가 알아서 도와준다'는 이론의 현실판을 접한 기분이었다. 물론 중3 말부터 아이가 수학 공부를 열심히 하는 모습을 종종 보았다. 하지만 전공을 수학교육과로 정할 정도로 성장한 줄은 몰랐다.

이 아이가 중학생 때 도대체 무슨 자신감으로 그렇게 깡통 공약을 남발하며 반드시 수학을 잘할거라고 다짐할 수 있었는지 생각해 봤다. 현실적으로 수학 공부를 전혀 하지 않으면서 수학을 잘하고 싶다는 마음을 지속적으로 갖기는 어렵다. 수학 점수가 나쁘면 대부분 포기하기 마련인데 이 아이는 포기하지 않았다. 그렇다고 수학 점수를 올리기 위해 공부를 딱히 열심히 하는 것도 아니었다. 그냥 수학을 잘하고 싶고, 언젠가는 잘하게 되겠지 하는 마음만 변함없이 잘 간직하고 있었을 뿐이다.

자신감은 말 그대로 어떤 일을 하는 데 있어서 '자신이 있다'는 느낌이다. 자신감은 감정일 뿐 행동을 요구하지 않는다. 따라서 왠지 모르지만 수학을 잘할 수 있을 거라는 근거 없는 믿음과 느낌은 자신감이라고 칭할 수 있을 것이다. 그리고 이러한 자신감은 아이의 행복에 직접적인 영향을 끼친다.

노력을 하고 안 하고를 떠나 그냥 '자신이 있다'는 느낌만 가지고 있어도 학교생활은 즐겁다. 수학을 잘하지 못하지만 수업 시간을 기다리고 준비하는 마음으로 맨 앞자리에 앉는 아이는 불행하지 않을 것이다. 비록 수업 내용은 잘 이해하지 못해도 매일 있는 수학 시간이 최소한 괴롭지는 않을 것이기 때문이다. 성적은 좋지만 여러 가지 이유로 수업 시간을 지루해하거나 의미 없이 흘려보내는 아이들에 비하면 이런 아이들이 학교생활에 대한 만족도나 행복감이 훨씬 높고 이것은 아이를 긍정적인 방향으로 이끈다.

긍정적인 피드백과 칭찬의 힘

학교에는 이처럼 근거 없는 자신감으로 똘똘 뭉친 아이들이 종종 눈에 띈다. 어른들 눈으로 보기에는 성적도 시원찮고 뚜렷한 특기가 있는 것도 아닌데 마냥 밝고 즐겁다. 요즘은 중학생만 되어도 대학 입시는 물론 취업 걱정까지 하느라 바쁜데 이런 아이들은 어떤 공통점이 있기에 매사에 이토록 긍정적일까?

근자감이라고 말했지만 사실 이런 아이들은 자신감의 근거를 갖고 있다. 지금은 비록 공부를 못하지만 초등학생 때는 꽤 잘했다

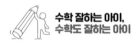

는 것이다. 옆 친구가 초등학교 때 공부 못하는 애도 있냐고 핀잔을 줘도 자신은 다르다고 말한다. 사실 여부와 관계없이 본인이 '공부를 잘했다'는 기억은 자신이 현재 능력이 부족해서 공부를 못하는 것이 아니고 '안' 하기 때문에 못하는 것이라고 생각한다. 공부를 안 해서 성적이 낮을 뿐이므로 부끄러움이나 열등감도 생길 리 없다.

물론 무언가를 잘했다는 기억만으로 자신감이 생기지는 않는다. 초등학생 때의 역량은 대부분 다 거기서 거기인데 누구는 본인이 잘했다고 기억하고 누구는 평범했다고 기억한다. 이 둘의 차이는 긍정적인 피드백의 차이일 것이다. 부모님이나 선생님 혹은 친구들로부터 무언가를 잘한다고 인정받으면 그 기억이 곧 자신감의 근거가 된다. 아이들과 이야기를 나누면서 왜 본인이 공부를 잘했다고 생각하느냐고 물었을 때 점수를 기억하기보다는 누군가로부터 칭찬을 들었기 때문이라고 답하는 경우가 많았다.

또한 시간이 흘렀음에도 그 상황을 아주 구체적으로 표현하는 것으로 보아 그 순간 아이가 어떤 행복감을 느꼈는지 고스란히 전해지기도 한다. 이처럼 어린 시절 칭찬의 효과는 자신감 형성에 있어 많은 부분을 차지하고 그 자체로 행복한 경험이 된다.

아이가 초등학교에 다닐 때 학기 초 담임선생님께 하고 싶은 말을 적어오라고 하면 나는 늘 칭찬을 많이 해달라고 특별히 부탁드렸다. 그때는 단순히 칭찬을 많이 하면 아이가 좋아하기 때문이었다. 그런데 지나고 보니 그런 과정을 통해 유별나게 자신감이 넘치는 아이로 클 수 있었던 이유가 된 것 같다.

실패를 두려워하지 않는 아이가 성공한다

행복한 아이는 자신감이 넘치지만 이를 위해 반드시 성공 경험을 많이 하고 칭찬을 들어야만 하는 것은 아니다. 아무리 뛰어난 사람도 모든 일에 성공할 수는 없다. 다만 실패를 했을 때 이것을 받아들이는 태도는 앞으로의 행복을 가늠하는 데 있어 상당한 지표가 될 수 있다. 실패를 어떤 일의 결과로 보지 않고 의사 결정의 수단으로 활용한 사례를 한 가지 소개하고자 한다.

　평소 춤추는 것을 좋아하고 방송에 관심이 많던 아이가 있었다. 그 아이의 주변에는 예고에 진학한 선배나 예고를 준비하는 친구들이 여럿 있었다. 교내에서도 나름 춤으로 인정받고 있었고 무엇보다 춤을 출 때 무척이나 행복해했다. 중2 때까지만 해도 아이는 예고에 진학하고 싶어 했지만 나는 기회가 된다면 좀 더 넓은 세계를 경험할 수 있는 댄스 오디션에 지원해볼 것을 적극적으로 권유했다. 예술 분야는 노력도 중요하지만 타고난 소질도 있어야 하므로 그것을 한 번쯤 확인해볼 필요가 있다고 생각했다. 그리고 무엇보다 아이의

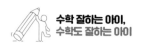

미래를 위해서였다. 춤추는 것이 너무 행복하지만 부모님의 반대로 시작도 못 해보고 어른이 되어서야 깊은 후회를 하는 경우를 그동안 많이 보아왔기 때문이다. 오디션을 통해 부모님께 인정받는 계기가 되길 바랐다.

눈이 펑펑 오던 어느 날, 먼 거리를 마다하지 않고 아이는 오디션이 열리는 장소에 갔다. 아이는 세 시간이 넘는 긴 시간을 서서 기다리다가 전문가들로 꾸려진 심사위원들 앞에서 30초 남짓 춤을 추고 나왔다. 그런데 반나절 만에 다시 만난 아이는 이제 춤을 취미로만 삼겠다고 말했다. 이유를 물어보니 오디션에 참가한 사람들에 비해 자신의 춤 실력이 너무도 평범해 보이더라는 것이다. 본인이 심사위원이라도 자기보다 외모나 끼가 출중한 사람을 뽑을 것 같다고 말해 나를 좀 슬프게 만들었다.

그러나 아이는 오히려 후련해진 듯 보였다. '춤을 추는 것이 즐겁긴 하지만 진로로 삼아도 될까? 그러자면 아무래도 공부는 뒷전으로 밀릴 것이고 나중에 다른 것을 하고 싶어도 다시 학업으로 되돌아오기는 어렵겠지?' 이런 번뇌로 아이는 괴로워하고 있었다. 그런데 누군가 나서서 아니라고 결정을 해줘버린 꼴이 되었다. 아이는 내가 허무할 정도로 미련을 홀홀 털어버리고 앞으로 어느 학교를 가든 그 학교 댄스짱이 되는 것으로 목표를 수정했다.

실패는 우리에게 많은 것을 가르쳐준다. 오디션에 탈락함으로써 부족한 부분을 찾아 더욱 열심히 노력해 유명 댄서가 되는 것은 익숙한 스토리다. 그런데 이 아이의 사례처럼 실패는 무언가를 결정하는 것이 쉽지 않을 경우에도 도움을 줄 수 있다.

다만 실패가 좌절로 이어지지 않도록 주의해야 한다. 그러기 위해서는 실패를 가볍게 보는 연습이 필요하다. 실패를 성공의 반대가 아니라 성공의 과정으로 인식하는 것인데, 그러기 위해서는 시도와 도전을 밥 먹듯이 해야 한다. 그리고 이것은 수학 공부에 있어서도 마찬가지다.

하루에 딱 한 문제만 풀기

아이가 수학을 싫어하게 만드는 방법은 너무나 많고 간단하다. 엄청난 양의 숙제를 내주거나, 아이의 수준보다 어려운 문제를 풀도록 하거나, 하기 싫은 걸 억지로 시키면 된다. 하지만 어쩌면 이 모든 것을 동시에 강요하고 있는 것이 현재 우리의 수학 교육일지 모른다. 아이들이 수학을 배울수록 점점 더 싫어하고 자신감이 하락할 수밖에 없는 이유이기도 하다. 초등학생이라면 무엇보다 수학에 대한 자신감을 키우는 것이 중요하다. 자신감, 즉 아이의 자기 효능감을 강화하기 위해 어떤 방법을 쓰면 좋을까?

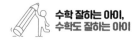

초등학생은 아직 시간이 많다. 시간이 많은데 굳이 빨리 갈 필요가 없다는 것만 기억하면 된다. 만약 아이가 수학에 자신 없어 한다면 아이에게 많은 것을 요구하면 안 된다. 그러다 보면 결국 수학을 싫어하는 아이만 남을 것이기 때문이다.

수학을 잘할 수 있을 것이라는 믿음을 아이에게 심어주는 방법은 간단하다. 성공을 경험하게 하는 것이다. 열 문제를 풀어 한 문제 맞은 아이와 한 문제를 풀어 한 문제 맞은 아이는 자신감 측면에서 다를 수밖에 없다. 비록 한 문제지만 반복적으로 성공을 맛본 아이는 재미라는 것을 느낄 가능성이 높아진다. 수학을 싫어하는 아이라면 우선 이것을 목표로 해야 한다.

더 좋은 방법은 그 한 문제를 직접 아이에게 선택하도록 하는 것이다. 당연히 처음에는 신나하며 좋아할 것이다. 그 모습을 참고 지켜보는 부모의 마음은 쓰리겠지만 아직 초등학생이므로 충분히 해볼 수 있는 방법이다.

나아가, 수학은 한 문제에 열 문제를 담을 수 있는 과목이다. 이를 활용한다면 심화학습을 유독 싫어하는 아이에게도 적용해볼 수 있다. 어려운 문제 중 딱 한 문제만 풀도록 한 뒤 점차 그 수를 늘려가는 것이다. 그러나 여기서 조심해야 할 것이 있다. 이 방법의 가장 큰 걸림돌은 바로 부모의 욕심인데 옆집 아이가 선행을 얼마나 했는지에 관심을 갖기 시작하면 실행하기가 어려워진다. 이때 우리가 떠올려야 할 것은 내 아이를 '초등 수학을 잘하는 아이'로 키울 것인가 아니면 '고등 수학을 잘하는 아이'로 키울 것인가이다.

학원 레벨테스트는 신중히!

한번은 사교육 없이 초등 고학년이 된 학생을 만나게 되었다. 아이는 자기 주도 학습이 잘 되어 있었고 현재는 아무런 문제도 없지만 이제는 수학 학원을 다니고 싶다고 했다. 이유는 친구들 때문이었다. 주변 친구들 중에 중등 수학은 물론 고등 수학까지 선행하는 경우가 심심치 않게 보여 불안하다고 했다.

그런데 학원을 가자니 레벨테스트를 잘 볼 자신이 없다고 했다. 아이는 선행을 하지 않았을 뿐 현행은 잘하고 있음에도 레벨이 낮은 반에 배정될 확률이 높다는 것을 알고 있었다. 섬세한 성격인 아이는 그것이 싫다고 했다.

대부분의 경우 학원을 처음 다닌다고 하면 낮은 레벨에 배정되는 것을 당연하게 생각한다. 그러나 아이는 본인이 그 공간에 들어갔을 때의 기분을 상상하고 예측했다. 그리고 기분이 좋지 않았다. 선행을 안 한 것이 수학 실력이 부족하다는 것을 의미하는 것이 아님에도 그런 취급을 받는 것이 싫었던 모양이다.

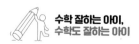

나도 딸아이에게 수학 레벨테스트를 보게 한 적이 있다. 처음으로 학원을 보내봐야겠다고 생각하고 몇 군데의 학원을 알아봤는데, 입소문이 난 유명 학원들은 레벨테스트 기간이 따로 있었다. 결국 적당히 이름이 알려진 학원에 가서 레벨테스트를 봤는데 30점이 나왔다. 30점은 아이가 살면서 한 번도 받아본 적 없는 점수였다. 갑자기 그 학원에 다니는 아이들이 대단해 보였다.

딸아이는 당연히 레벨이 낮은 반에 배정되었고 그렇게 꾸역꾸역 3개월을 다녔다. 레벨테스트 결과가 낮게 나왔으니 내 입장에서는 아이의 실력이 부족하다고 생각했고, 아이가 수업에 대한 불만을 이야기해도 푸념으로 흘려들었다. 당시 딸아이의 불만은 학교에서는 분명 본인보다 수학 성적이 나쁜 친구가 왜 학원에서는 더 높은 레벨에 배정되어 있는가였다. 그땐 몰랐지만 아이는 생각보다 레벨에 민감했던 것이다.

'그래도 뭔가 이유가 있겠지' 싶어 시간을 들였지만 결국 학원을 그만둘 수밖에 없었다. 결정적인 이유는 아이가 즐거워하지 않았기 때문이다. 평소 말이 많고 새로운 것을 익히고 배우는 걸 좋아하는 아이인데 그곳에서는 기분이 별로인 듯 했다. 아이에게 학원이 즐겁지 않은 이유를 들으면서 그것을 계기로 나는 아이의 성향을 좀 더 확실하게 파악할 수 있었다. 아이는 본인보다 못하는 친구들 옆에서 자신감을 얻기보다는 잘하는 친구 옆에서 도전하는 편을 더 좋아하는 듯했다. 그리고 이런 성향은 아이가 추후 고등학교를 선택할 때도 결정적인 힌트가 되었다.

아이와 좀 더 이야기를 나눠보니 아이는 본인이 낮은 레벨로 정의되고 자기와 같은 처지 혹은 그보다 못한 친구들과 함께 공부한다는 사실이 불만이었다. 이른바 낙인 효과였다. 앞서 예를 든 초등학생처럼 말이다.

레벨테스트가 아이의 능력을 수치화해준다는 점에서 부모들은 이것을 신뢰하기 쉽다. 객관적인 점수로 아이의 실력이 제대로 평가되었다고 생각하는 것이다. 그러므로 점수가 낮게 나오기라도 하면 조급함이 밀려온다. 그리고 실제로 대부분 낮게 나온다. 그러나 레벨테스트의 대가는 생각보다 클 수 있다. '그게 뭐 대수야' 하는 아이도 있겠지만 상처를 받는 경우도 심심치 않게 있기 때문이다. 앞으로 몇 년간 수학과 씨름을 해야 할 나이에 괜히 열등감만 자극하는 거라면 하지 않는 편이 백번 낫다.

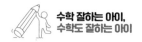

3 무엇보다 수학을 싫어하지 않는 것이 중요하다

고등학교에서 교사생활을 시작한 내가 처음 맡게 된 학년은 고1이었다. 당시 많은 학생들이 이미 수학을 포기한 상태였다. 그때는 단순히 '중학교 때 수학 공부를 게을리한 아이들이 많구나' 정도로 생각해 학생들을 다그치기만 했다. 수학 성적 때문에 고민하는 학생들을 볼 때마다 '수학 성적이 안 좋은 것은 네가 공부를 열심히 안 했으니까 그렇지'가 진짜 속마음이었을 것이다.

그렇게 십수 년을 고등학교에서 근무하다가 처음 중학교로 발령을 받는데, 고등학생들에 비하면 아기 같기만 한 중1 수업 시간에 나는 또 한 번 충격을 받았다. 아직 본격적으로 공부라는 걸 시작하지 않은 나이임에도 수업 시간에 엎드려 있는 친구들이 종종 눈에 띄었고, 반쯤은 '시간아, 빨리 흘러라' 주문을 외우고 있는 눈빛이었다. 중학교 생활을 제대로 경험해보지도 않은 중1이 벌써 수학을 포기하고 싶다면 초등학교 때 받은 수학 교육에 분명 뭔가 문제가 있는 건 아닐까?

한국교육개발원의 〈문·이과 계열 및 성별 간 수학성취도 성장 궤적 비교〉 연구에서 힌트를 얻을 수 있는데, 이 보고서에 따르면 '선행 연구들은 수학에 대한 학생들의 긍정·부정적 기대치가 고착화하는 시기가 중2~중3 때라고 했지만 수학에 대한 부정적 태도는 초4~초5 때부터 시작되었을 것'이라고 진단했다(〈세계일보〉 2021.11.22. 기사 참고).

초등 수학의 목표는 바로 이것!

수학에 대한 부정적 태도, 즉 초등학교 4학년 때부터 수학이 싫어지는 이유는 무엇일까? 어렵지 않게 추측할 수 있는데 그것은 바로 수학이 어려워지기 때문이다. 초등 방과 후 교사로 한 학기 동안 두 학교에서 근무한 경험이 있다. 이때 초등 수학의 문제점을 알게 되었다. 내가 만난 아이들은 주로 기초학력이 부진하다고 판단되는 아이들이었다. 수학을 특히 어려워하는 친구들이었기에 수학성취도가

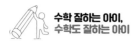

부진한 이유를 다양하게 파악할 수 있었다.

이 경험을 통해 나는 두 가지 사실을 알아냈는데 하나는 초등 수학이 너무 어렵다는 것이고, 다른 하나는 이 어려운 수학을 잘하게 만드는 손쉬운 방법은 역시 기계적인 반복 학습이라는 것이었다. 초등 수학 교과서를 처음 봤을 때 내가 느낀 것은 '이걸 어떻게 설명하지?'였다. 그러니 초등 교육이라는 전문 분야가 있겠지만 중등 수학 교육을 전공한 내가 본 초등 수학은 결코 쉽지 않았다. 그러니 제대로 이해하지 못한 아이들이 섞여 있는 교실에서 수업을 하면 어떤 일이 벌어질지 눈에 선했다. 나도 그랬듯 어쩔 수 없이 아이들을 한꺼번에 끌고 가야 하는 입장에서는 땜질식 처방이라도 해야 한다. 그것이 바로 기계적인 반복 학습이 수학 공부의 주된 방법일 수밖에 없는 이유다.

결국 이런 이유로 아직 어린 초등학생들조차 수학을 싫어하게 된다. 이해할 수 없는 개념을 가슴속에 묻어버리고 무지막지한 숙제를 통해 훈련을 반복하는 수학은 더 이상 학습이 아니다. 원래도 하기 싫은 공부를 수학은 더 싫어지게 만드는 역할을 하고 있다. 이것이 수학에 대한 부정적 태도를 갖게 만드는 주된 원인이라고 생각한다.

앞서 언급한 한국교육개발원의 연구에서도 지적했듯이 초등 시기의 수학에 대한 태도는 앞으로의 수학 공부에 있어서 아주 중요한 잣대로 작용하게 될 가능성이 크다. 그렇다면 초등학생에게 중요한 것은 '수학을 잘하는 것'보다 '수학을 싫어하지 않는 태도'다. 초등 수학을 잘한다는 것은 무엇을 의미할까? 그것이 정말로 중요할까? 초등 수학을 잘하면 중등 수학도 잘할 가능성이 높긴 하겠지만 이를 위해 아이의 흥미를 꺾어버린다면 말 그대로 소탐대실이다.

수학 감수성을 키워주는 수학 대화

그렇다면 어떤 수학 공부가 아이에게 장기적으로 도움이 될까? 초등학생의 수학 공부는 '대놓고' 하는 것보다 '은밀하게' 하는 것이 좋다고 생각한다. 대놓고 하는 수학 공부는 우리가 지금까지 알고 있던 수학 학습법으로 반복 학습과 연산 훈련 등이 대표적이다.

　초등학생이 장기적으로 수학 실력을 쌓기 위해 필요한 것은 연산 능력이 아니다. 수학에 대한 감수성, 태도, 정서가 훨씬 더 중요하다. 이러한 것들을 고취하고자 한다면 필요 이상의 반복 훈련보다 '수학 대화'를 권한다. 수학 대화란 예를 들어 구구단 2단을 배웠다면 '2×10은 얼마가 될까' 고민해보는 시간을 갖는 것이다. 그것을 맞혔다면 그다음은 어떻게 될지 추측해보고, 또 '2×0은 어떻게 될까' 고민해보는 것이다. 만약 음수를 접해본 친구라면 2×(-1)도 어렵지 않게 맞힐 수 있을 것이다. 이런 과정을 통해 중학교에서 등장하

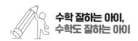

는 (양수)×(음수)=(음수)라는 규칙을 배우지 않아도 수학적 패턴을 스스로 생각할 수 있게 된다.

수학 문제를 해결할 때 빈번하게 등장하는 테크닉은 '규칙성 찾기'다. 이런 식의 대화를 통해 규칙성이 무엇인지 어렴풋이 깨닫게 할 수 있고 이러한 경험은 앞으로 수학을 공부하는 데 있어 많은 도움이 될 것이다. 또한 이것은 아이의 수학적 감수성을 기르는 방법이기도 하다. 어떤 현상을 수학적 언어로 표현하고 그것으로 대화를 이어 나갈 수 있는 아이는 나중에 수학을 잘할 확률도 높지만 무엇보다 수학을 싫어하는 학생은 되지 않을 것이다.

아이와 수학 대화를 하기 위해서는 어른의 수고가 어느 정도 필요한 것이 사실이다. 학교에서는 선생님이 그리고 가정에서는 부모가 이 역할을 제대로 해줄 필요가 있는데 그러기 위해서는 어른들이 평소 수학에 관심을 가지고 있어야 한다.

칭찬의 역효과

초등학생 자녀를 둔 부모치고 게임과의 전쟁을 치르지 않는 사람은 없을 것이다. 너무나 재미있고 매력적인 캐릭터들로 가득한 온라인 게임은 어른들도 중독되기 쉬울 정도로 유혹적이다. 그러나 딱히 마땅한 해결책은 없고 부모가 기껏해야 쓸 수 있는 방법은 채찍과 당근, 적당한 타협 등으로 대부분 해야 할 공부나 숙제를 끝마치면 일정 시간을 허용해주는 식이다.

한 실험에서 몇몇 사람들로 구성된 두 집단에 30분간 퍼즐을 가지고 놀게 했다. 한 집단에는 퍼즐로 과제물을 완성하면 보상금을 지급하겠다고 했고, 다른 집단에는 아무 말도 하지 않았다.

완성한 퍼즐에 대한 보상 제안을 받은 사람들은 무의식적으로 이렇게 생각한다. '재미없고 힘든 일을 할 때 사람들은 돈을 주지. 퍼즐을 맞추면 돈을 준다고 하니 이건 분명 재미없고 힘든 일일 거야.'

반면, 보상금 제안을 받지 않은 집단의 사람들은 이렇게 생각한다.

'재미없고 힘든 일을 할 때 사람들은 돈을 주지. 하지만 퍼즐 놀이에는 돈을 주지 않는 걸 보니 이건 분명 재미있고 신나는 일일 거야.'

《지금 바로 써먹는 심리학》, 리처드 와이즈먼

숙제를 다하면 게임을 할 수 있다고 할 때 아이는 숙제를 어떻게 느낄까? 숙제를 했다고 또한 공부를 했다고 보상을 주는 것은 장기적인 관점에서 좋지 않다. 공부 자체의 즐거움을 빼앗을 우려가 있기

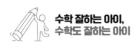

때문인데, 바로 칭찬의 역효과인 셈이다(EBS 다큐프라임 '교육대기획 10 부작 학교란 무엇인가 〈6부 칭찬의 역효과〉 참고).

공부가 즐겁기는 쉽지 않겠지만 공부 자체의 순수한 즐거움을 느낄 수 있는 시기가 올 때까지는 게임을 공부의 반대급부(어떤 일에 대응하여 얻게 되는 이익)로 여기지 않도록 주의해야 한다.

자신만의 원칙이 있으면 넘어지지 않는다

과거부터 지금까지 모든 부모는 자녀 교육에 있어 같은 실수를 반복해왔다. 아무리 육아서를 많이 읽어도 직접 아이를 키우는 경험은 처음이기 때문이다. 아이를 키우는 것은 자전거를 타는 것과 비슷하다. 자전거를 잘 타는 방법에 대해 아무리 설명을 들어도 직접 타보지 않고서는 무엇을 말하는 것인지 몰라 딱히 도움이 되지 않듯이 아무리 육아서를 많이 읽고 준비를 한다고 한들 아이를 직접 키우는 것은 다른 문제다.

부모들이 자녀 교육을 위해 더 열심히 공부하고 노력해야 한다고 말하려는 것이 아니다. 부모가 처음인 사람들이 훌륭한 부모가 되고자 하는 것은 욕심이고, 사실 훌륭한 부모라는 것도 정해진 기준이나 정답이 없다.

학창 시절에 나는 그냥 어른들이 시키는 대로 열심히 살았는데, 어느 누구도 엄마가 되는 순간 수년 간 발목을 잡힐 것이라는 이야기를 해준 적이 없어 아이를 낳고 조금 억울한 마음이 들기도 했다. 엄마라는 역할이 이렇게 크고 무거운 것인 줄 알았다면 엄마가 되는 것에 대해 다시 한 번 진지하게 고민했을 것이다. 그만큼 엄마의 삶은 쉽지 않았다.

그러나 이미 우린 자전거 위에 올라 타 있다. 내리기엔 너무 늦었다. 과거야 어쨌든 현재 자전거를 반드시 타야 하는 것이 현실이라면 무슨 생각을 해야 할까? 자전거를 질 타기 위해 여기저기서 들은 지식과 경험담이 적절한 시점에 '뿅' 하고 떠오르고 '바로 지금이 그 기술을 적용할 타이밍이군!' 하고 생각하는 것이 불가능하다는 것은 이미 잘 알고 있을 것이다. 늘 상황이 지나고 나서야 '그 말이 이런 뜻이었구나' 하고 생각이 날 뿐 이미 기회는 지나가버린 후다.

결국 아이를 키우는 일은 자전거를 타면서 자전거 타는 법을 배우는 것과 같다. 그리고 초보자가 자전거를 잘 타기 위해 기억해야 할 단 한 가지 원칙은 '넘어지지 않는 것'이다. 이 대원칙을 무시하면 속도는커녕 방향 또한 잡기가 쉽지 않다.

수학 학습에 있어서도 부모들이 최우선적으로 집중해야 할 것은 넘어지지 않기 위한 자신만의 대전제를 세우는 일이다. 아이를 원칙 없이 키우다 보면 이리저리 휘둘리다 결국 아무것도 남지 않는다.

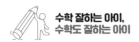

초등학생인 아이에게 이것저것을 가르치는 것보다 중요한 것은 '아이를 어떻게 키울 것인가' 하는 부모의 철학적인 결심이다. 이것이 선행되어야 장기적인 학습 계획을 세울 수 있고 그 안에서 수학 공부도 즐겁게 할 수 있다.

가장 멀리해야 할 마음, 조급증

여기 이상한 마라톤 경기가 있다. 희한하게도 달리기를 한 번도 안 해본 사람만 참가하는 경기다. 이 마라톤에 출전하는 어떤 선수는 달리기를 잘하기 위해 유튜브 영상을 보고, 책도 읽고, 강의도 들었다. 딱 하나 해보지 않은 것은 달리기뿐이었다.

이 선수는 그동안 마라톤에 대한 이론을 열심히 공부했다. 마라톤은 무엇보다 긴 호흡이 중요하므로 처음부터 빨리 달리는 것은 위험하다고 배웠다. 전문가들은 힘을 잘 분배하고 그 계획에 따라 자신을 움직여야 우승할 확률을 높일 수 있다고 했다.

그런데 막상 경기가 시작되고 보니 천천히 뛰는 것이 쉽지 않다. 옆 사람이 치고 나가는 것이 눈에 보이기 때문이다. 이론으로만 쌓은 지식은 이때부터 무너지기 시작한다. 이성보다 감성이 먼저 반응하기 때문에 일단 앞사람을 따라잡아야만 할 것만 같은 조급증이 밀려온다. 그래서 앞사람을 따라 뛰기 시작하고 이렇게 초반에 속도를 낸 덕분에 한동안 선두권을 유지한다. 이런 식으로 달리면 좋은 성적으로 결승점을 통과할 수 있을 것 같아 조금 안심이 된다.

그러나 그것도 잠시, 이런 뜀박질을 처음 해본 다리는 마음먹은 대로 움직이지 않는다. 점차 숨도 가빠 오고 몸이 무거워진다. 조금 쉬었다 가고 싶지만 그러면 더 힘들어진다는 소리를 어디선가 들은 것 같다. 계속 뛸 수도 멈출 수도 없는 상황이 되어버렸다. 발버둥 치며 걷고 뛰기를 반복하다 보니 초반엔 보이지도 않던 선수들이 나를 앞지르고 이들은 기운이 넘쳐 보인다. 이제야 생각이 났다. 왜 마라톤을 긴 호흡으로 하라고 했는지 말이다. 그리고 비로소 깨닫는다. '아, 그 얘기가 이 얘기였구나….'

막판 스퍼트가 중요하다

이 이야기에서 한 번도 달리기를 해보지 않은 마라토너는 초보 부모를 말한다. 이들은 아이가 태어나기 전까지 부모의 역할에 대해 여기저기서 듣고 배우며 준비를 해왔다. 책을 읽고, 강의를 듣고,

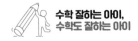

유튜브 영상도 열심히 보았다. 좋은 조언과 핵심 비법들이 곳곳에 넘쳐났다.

다만 그것을 실전에 잘 적용할 수 있는지는 미지수다. 아이 키우는 연습을 실제로 해볼 수 있는 것은 아니기 때문에 부모는 상황에 따라 순간적으로 판단을 해야만 한다. 그리고 앞으로 치고 나가는 옆집 아이를 간단히 무시할 수 있을 만큼 멘탈이 강한 부모는 그다지 많지 않다.

결국 이러한 조급증 때문에 지금이 스퍼트를 내야 하는 구간인지 아닌지 판단할 겨를도 없이 미친 듯이 뛰기 시작한다. 그러나 처음 달리기를 할 때 몸과 다리가 뜻대로 움직이지 않는 것처럼 아이는 내 계획대로만 움직여 주지 않는다. 갑자기 달리기를 멈춰버리기도 하고 심지어는 뒤로 달리기도 한다.

이때가 되면 비로소 뭔가 잘못되었음을 느낀다. 그리고 잊고 있던 말이 떠오른다. 책에서 무수히 읽었던 구절이자 강의에서 귀에 못이 박히도록 들었던 말이다.

"서두르지 마세요."

자녀 교육에 있어 이 말이 무슨 뜻인지 이제야 확실해지는 것이다. 마라톤에서 좋은 성적을 거두는 선수는 자기 페이스를 유지하는 선수다. 자기 페이스를 유지한다는 것은 결국 남들에게 휘둘리지 않음을 뜻한다. 초반에 스포트라이트를 받을 수 없기에 조금 외롭기도 하지만 이들은 결정적인 순간이 오면 전력을 다해 자신의 모든 것을 쏟아낸다.

학습에 있어서 하고 싶은 이야기도 바로 이것이다. 초반에 힘을 빼지 말라는 것! 공부를 잘하는 방법에는 여러 가지가 있지만 굳이 일찍 시작해 기운을 뺄 필요가 없다. 공부에 있어서 막판 스퍼트를 낼 시기는 고등학교 때다. 그런 측면에서 초등학교 또는 중학교 때 공부를 잘했다는 것은 결코 자랑거리가 될 수 없다.

시간이란 강에 몸을 말겨라

초등학교 6학년인 아이와 7살 아이를 키우는 지인과 통화를 했다. 첫째 아이를 키울 때도 종종 어려움을 토로하곤 했는데 주로 주변의 엄마들 때문에 힘들다는 이야기였다. 이것도 시켜야 하고 저것도 시켜야 한다는 이야기를 들을 때마다 불안한 마음이 들었지만 흔들림 없이 평소의 소신대로 아이들을 천천히 교육했고, 지나고 보니 지금은 일찍 시작한 아이나 본인의 아이나 크게 차이가 없다는 걸 느꼈다고 했다. 둘째 아이는 훨씬 맘 편히 키울 수 있을 것 같다며 '하지 않은 것'에 대해 안도했다.

아이들은 대부분 문제없이 태어나고 자란다. 늘 강조하지만 아이

들은 누구나 자기 주도력을 가지고 있고 그것을 바탕으로 각자의 페이스에 따라 신체적·정신적으로 성장하기 마련인데, 대부분의 어른들은 그것을 참고 기다리는 것이 쉽지 않다. 늘 주변을 의식하기 때문이다.

또래 아이들이 한글을 읽기 시작하면 조급해지고 영어를 시작하면 불안해진다. 책도 읽어 줘야 하고, 예체능도 빠뜨리면 안 될 것 같다. 그런 부모의 조급한 마음 때문에 적지 않은 아이들이 국·영·수·사·과·음·미·체 과목들을 초등학교에 입학하기도 전에 시작한다. 그나마 둘째 아이들을 키우는 엄마들은 조금 낫긴 하지만 첫째 아이가 뭐든지 빨랐던 아이라면 마찬가지로 불안해진다.

시간이 지나면 결국 다 하게 될 것을 괜히 일찍부터 시작해 아이를 괴롭힐 필요가 없다. 시간은 많은 것들을 해결해준다. 상처나 아픔은 물론 아이를 키우는 것 또한 시간이라는 강에 몸을 맡기면 쉽게 해결되는 것들이 많다.

펜실베이니아 대학 심리학 교수인 앤절라 더크워스(Angela Duck-worth)의 《그릿(GRIT)》에는 아이에게 열정적 끈기를 만들어주는 부모의 역할에 대한 다음과 같은 이야기가 나온다.

"아직 열정의 대상을 정하지 못한 아이들에게는 하루에 몇 시간씩 부지런히 기술을 연마할 준비가 되기 전에 흥미를 자극하면서 빈둥거릴 시간이 반드시 필요하다. 그들은 몇 년 후의 일까지 생각하지 않는다. 일생의 길잡이가 될 최상위 수준의 목표가 무엇인지도 모른다. 그런 생각 없이 그저 즐길 뿐이다. 아이들에게는 전문가와는 다른 동기 부여가 필요하다. 초보 단계에서는 격려와 자유 속에서 자신이 무엇을 즐기는지 파악할 수 있어야 한다. 작은 승리와 박수갈채도 필요하다. 물론 약간의 비판과 교정을 위한 피드백도 수용할 수 있어야 한다. 연습도 필요하다. 하지만 그런 것들을 너무 일찍, 너무 많이 제공하면 곤란하다. 초보자를 재촉하면 이제 막 올라온 흥미의 싹이 잘릴 수 있다. 한 번 잘린 싹을 되살리기는 대단히 어렵다."

학습뿐만 아니라 아이가 궁극적으로 행복하게 공부할 수 있는 원동력인 '열정' 또한 시간이 필요함을 알 수 있다. 기다리면 충분히 아름답게 성장할 아이들을 어른들은 가만두지 못한다. 아이를 잘 키우려면 먼저 아이가 타고난 소질이 무엇인지부터 살펴봐야 하지 않을까? 모든 일을 다 잘해내는 사람은 없는데도 대부분의 부모는 아이가 모든 과목을 잘하면 좋겠다고 생각한다. 그러나 세상은 그렇게 돌아가지 않는다. 성공한 사람들은 특정한 분야에서 특별한 재능을 발휘하는 사람이지 결코 모든 분야를 아우르는 사람이 아니다. 부모는 아이가 가진 그 특별한 재능을 발견하는 사람이 되어야 한다.

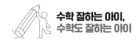

조급한 마음에 기다리지 못하고 아이를 압박한다면 아이는 그 힘에 눌려 어쩌면 타고난 천부적인 재능마저 잃어버릴지 모른다.

배우는 능력을 학습해야 하는 이유

나날이 수학적 능력이 중요시되는 요즘의 분위기는 소위 '뜨는 직업'과 무관하지 않다. 4차 산업혁명 시대에 떠오르는 분야가 모두 수학을 기반으로 하고 있고, 이는 대학 교육에도 반영되어 문과 학생들도 수학을 못하면 입시와 취업에 불리한 상황에 놓이고 말았다. 그러나 이러한 추세가 언제까지나 계속될 것이라고 누가 장담할 수 있을까? 다음의 기사를 살펴보면 뜨는 직업을 기반으로 미래를 예측하는 것이 얼마나 위험한 일인지 알 수 있다.

첫째, 기본적으로 미래는 예측이 불가능합니다. '뜨는 직업'이란 특정한 미래의 모습이나 방향을 상정한 상태에서 예측한 직업입니다. 예측하는 시점에서 생각한 미래 상황과 그 미래가 당도했을 때의 실제 상황은 완전히 다른 경우가 많습니다. 미래가 예측한 대로 펼쳐진다면 마케팅 전략도, 주식투자도 존재할 수 없습니다. 경영학자 피터 드러커는 "우리가 미래에 대해 아는 유일한 사실은 현재와 다르리라는 것뿐이다"라고 말했습니다.

둘째, 고용시장도 수요공급 곡선의 영향을 받기 때문에 인력 공급이 일자리 수요보다 넘치면 해당 직업의 시장 가치가 떨어집니다. 인공지능, 머신러닝 전문가의 몸값이 크게 올라간 것은 이 분야가 생겨난 지 얼마 되지 않아 전문가가 워낙 적기 때문입니다. 인공지능이 유망 분야라고 소개되어 전공자가 많이 늘어나면 희소성은 사라집니다.

셋째, 시장의 수요가 많을수록 기술 개발 경쟁이 치열합니다. 유망 직업으로 거론되는 직무를 대체하는 자동화 기술과 로봇을 개발하면 높은 수익성이 보장됩니다. 다른 영역보다 기술 개발 경쟁이 치열해지고 해당 직무를 대체할 기술이 등장하기 쉬워지는 구조입니다. 워드프로세서, 엑셀 등 업무용 오피스 프로그램이 무엇보다 완성도 높은 제품으로 다수 개발된 이유도 문서 작성과 회계 처리 업무가 모든 사무실에서 필수적인 핵심 업무이기 때문입니다.

이런 이유로 인해 뜨는 직업이 오히려 위기의 직업이 될 수 있다는 게 '유망 직업의 역설'입니다. 1990년대 말 21세기 정보화 시대에는 정보 검색사와 웹 개발자가 인기 직업이 될 것이라며 주목받았지만 정작 편리한 검색 도구와 웹 편집 도구가 등장하자 정반대의 상황이 되고 말았습니다.

– 네이버 스쿨잼 〈미래사회, 어떤 직업을 선택해야 할까요?〉

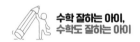

그러므로 미래를 대비하고 싶다면 특정 직업을 위한 공부를 하기보다는 '배우는 능력'을 학습하길 권한다. 시시각각 변해가는 사회에서 오늘날 유망한 직업이 수년 후에는 얼마든지 입지가 바뀔 수 있고, 지금 현재의 직업에 대한 공부만으로는 결코 미래를 대비할 수 없기 때문이다.

미래에는 또 다른 것을 배워야 한다. 따라서 우리는 서두를 필요가 없다. 지금 공부를 잘하는 것이 나중에도 잘할 것임을 보장할 수 없고, 심지어 열심히 노력해서 잘하게 된다고 한들 이것으로 무언가를 보장받을 수 있는 사회도 아니기 때문이다.

똑똑한 부모가 저지르는
흔한 실수 두 가지

선택의 기회를 빼앗지 마라

삶은 선택의 연속이다. 지난 시간을 되돌아보면 선택은 순간이었지만 그 영향이 아직도 미치고 있는 것들이 많다. 대표적으로 진학, 취업, 결혼 등은 이미 20여 년 전에 한 결정이지만 지금도 내 삶의 대부분을 차지하고 있는 요소다. 이런 큰 선택을 하기 위해 우리는 그전에 작은 선택들을 해왔다. 그리고 선택을 할 당시에는 이게 최선이라고 생각했는데 시간이 지나고 나서 그것이 아니었음을 깨닫게 되기도 한다.

지금의 나이가 되어서도 가끔 내가 어떤 사람인지 영 모르겠는

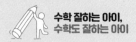

때가 있다. 남들이 보는 나는 진짜 내가 아닌 거야 당연하지만 나 자신조차 나에 대한 이해가 부족함을 느끼곤 한다.

그러다 어느 날 책을 읽다가 문제의 해답을 찾았다. '어떤 사람을 알고 싶으면 그의 친구를 보면 되고 더 알고 싶으면 적을 보면 된다'는 문장이었다. 내가 친하게 지내는 사람들을 생각해봤다. 그 사람들의 어떤 면에 끌렸는지를 생각해보니 나란 사람이 무엇을 좋아하고 추구하는지가 명확하게 보였다. 또 마음에 들지 않는 사람들을 떠올리니 내가 어떤 것을 경계하며 사는 사람인지도 알게 되었다. 더 확장해보니 내가 선택한 학교, 직장, 결혼 상대 또한 그 당시의 나를 잘 설명해주고 있었다. 나를 알고 싶으면 나를 볼 게 아니라 '나의 선택'을 보면 되는 일이었다. 그 선택들이 모여 바로 내 인생이 되는 것이니 말이다.

따라서 선택은 나를 이해하는 데 있어 아주 중요한 재료가 된다. 백 퍼센트 내 의지로 선택한 결정과 타인의 의지가 개입된 결정은 그 결과도 다르지만 자기 자신을 이해하는 데도 방해가 된다. 우리가 인생을 살면서 가능하면 내 의지가 많이 포함된 선택을 해야 하는 이유가 바로 여기에 있다. 나를 잘 아는 것, 이것만 잘했어도 나 역시 지난 인생에서 시행착오를 많이 줄일 수 있었을 것이다.

연장선상에서 아이의 선택에 관해 한번 생각해보자. 아이는 태어나면서부터 자기도 모르게 부모의 수많은 선택에 의해 키워진다. 본인이 먹는 분유, 간식, 이유식부터 시작해 조금 크면 동화책, 문화센터, 유치원, 학교, 학원에 이르기까지 많은 선택의 순간에서 배제된 채 부모의 결정에 의해 자라게 된다. 아기 때는 어쩔 수 없다고 해도 이렇게 부모가 결정해주는 것이 습관이 되어버리면 아이는 선택의 경험을 할 수 없게 되고 이는 자기이해의 좋은 재료를 놓치는 결과로 이어진다.

본인이 어떤 선택을 하고 그 과정과 결과를 지켜볼 수 있는 경험을 어른이 되어서 처음 해본다면 현실적으로 많은 것을 감내해야 한다. 또한 용기를 내어 시도해보고사 해도 경험이 부족하면 실패하기 쉽다. 게다가 어린 시절의 선택 경험 자체가 본인의 성향을 알 수 있는 정보가 된다는 것을 감안하면 자기이해 또한 미흡할 수밖에 없다. 부모라는 울타리 안에서 실패해도 다시 하면 된다는 생각으로 이런 것들을 훈련해야만 훗날 시행착오를 줄일 수 있다.

똑똑한 부모들은 조급해지기 쉽다. 육아에 대해 많이 공부하고 준비해왔기 때문에 여러 가지 선택지를 일찌감치 마련해놓는다. 그러나 객관식보다는 주관식, 주관식보다는 서술형 평가가 좀 더 학습자의 확산적 사고 능력을 길러준다는 사실을 알고 있을 것이다. 육아에 있어서도 객관식 보기를 많이 마련해둔 부모는 만반의 준비가 되었다고 생각하기 때문에 아이를 기다려주는 것이 어렵다. 선택권을 준다는 이유로 심지어 아이가 원하기도 전에 이것저것을 경험하

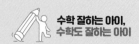

게 하기도 한다. 그러나 인간의 능력은 무한하지 않고 잘하는 것도 다 다른데 지금 해볼 수 있는 모든 것을 경험하게 하겠다는 것은 욕심이다.

경험을 많이 해봐야 잘하는 걸 찾을 수 있지 않느냐고 반문할지도 모르겠다. 이 말은 전적으로 옳다. 그러나 여기서 말하는 경험이 '학습'에 포커스를 두고 있지는 않은지 생각해보기 바란다. 아이들에게 필요한 경험은 세상에 대한 경험이지 학습 경험이 아니다. 우리가 살아가는 세상을 아이의 눈높이에 맞게 제공해주는 것이 어른들이 할 일이다. 과학을 잘하게 만들겠다고 영재원 준비를 시킬 것이 아니라 우리 주변에 있는 것들에 대해 호기심을 자극해줌으로써 아이가 과학을 배우고 싶다는 '선택'을 하게끔 만들어주어야 한다. 물론 아이가 과학에 흥미가 있다는 전제 하에서 말이다.

모범생의 함정과 엄친아의 허상

인간은 모두 불완전하다. 이 명제에 동의한다면 내가 지금부터 하려는 말이 무엇인지 쉽게 짐작이 갈 것이다. 나는 소위 모범생이었고 해마다 생활봉시표에 빠지지 않던 말은 '내성적이며 책임감이 강함'이었다. 그 시절의 모범생답게 나는 어른들의 말에 조용히 순종

했고 시키는 것은 꼭 해야만 한다고 생각했다. 만약 내 아이가 이런 모습이라면 어른들의 입장에서는 나쁠 것이 없을 것이다. 부모님 말씀 잘 듣고 선생님이 시키는 것을 군소리 없이 척척해내는 아이는 키우기가 확실히 수월하니 말이다. 그런데 이렇게 자란 아이는 나중에 커서 어떻게 되었을까?

어느 순간 난 성실한 노예가 되었음을 알아차렸다. 어릴 때 내가 순종했던 어른들이 직장과 사회의 모습으로 바뀌어 있을 뿐 나는 여전히 이들이 시키는 것만 하면서 살고 있었다. 주인이 시키는 일을 하고, 주인의 칭찬에 목말라했으며, 주인이 알려주는 길을 따라 걸었다. 소박한 물질적 풍요와 안락을 제공한 주인에게 때때로 감사해하며 내 소중한 아이도 주인이 가르쳐주는 대로 키우고 있었다. 직장과 사회의 모습을 하고 있는 내 주인은 다름 아닌 '남의 시선'이었다.

내가 이런 생각을 가지게 된 것은 니체의 영향이 크다. 니체는 교육에서 '길들이기'와 '길러내기'를 구분했는데 내가 어릴 때 받았던 교육은 다분히 길들이는 방식이었다. 극단적으로 말해 나는 모범생과 노예는 별다를 것이 없다고 생각한다. 모범생은 어쨌든 현재의 체제에 순응했다는 것을 의미하고 그것은 기성세대의 가치관을 그대로 흡수했을 확률이 높다. 물론 기성세대의 가치관이 모두 그르다는 것은 아니지만 우리의 인생은 모두 개별적이고 일회적이다. 사회

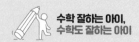

의 유지가 아닌 개인의 행복 측면에서 보자면 그 어떤 가치관도 주입되어서는 안 된다고 생각한다.

획일화된 가치관은 아이를 남의 시선에서 자유롭지 못하게 한다. 남의 시선을 의식하는 순간 자기 주도력은 위축되고 만다. 하고 싶은 것이 생겨도 입 밖에 내기 어렵고 부모의 기대를 만족시키지 못하는 자신에 대해 죄책감을 느끼기도 한다. 모범생 모두를 매도하는 것은 아니지만 어른들에 의해 만들어진 모범생들 중에 내 주장을 뒷받침하는 부작용들을 겪는 사례는 언제나 차고 넘친다.

모범생의 현대판인 엄친아는 더 힘들다. 과거에는 공부만 잘하면 됐지만 이제는 너무나 많은 능력을 요구하기 때문이다. 심지어 바꿀 수도 없는 체력이나 외모까지 능력으로 치부되는 현실에 아이들의 열패감은 더 심해질 수밖에 없다. 그런데 엄친아를 만들어내는 것 또한 우리가 경계해야 할 '남의 시선'이다. 엄친아의 기준은 남들이 부러워하는 아이여야 하므로 비교가 전제되어 있고 이는 아이의 주체성을 갉아먹는다.

그렇다면 엄친아라고 불리는 아이 입장에서는 남들의 부러움의 대상이 되는 것이니 마냥 좋은 일일까? 이 또한 변화의 가능성을 늘 안고 있는 아이를 틀 안에 가두는 부작용을 낳을 수 있다. 그런데 더 중요한 사실은 학교에 20년이나 근무한 나조차도 지금까지 살아오면서 막상 엄친아를 실제로 만난 적이 없다는 것이다. 당연하게도 완전한 인간은 없기 때문인데, 우리는 어쩌면 실체도 없는 엄친아 때문에 쓸데없는 고통을 받고 있는지도 모르겠다.

니체는 노예근성을 버리고 '그대 자신이 되어라'라고 주문했다. 체면을 중시하는 유교문화권에서 산다는 것은 나보다 남을 더 의식하며 살아가기 쉽다. 주체성을 잃고 의존적이 되기 쉬운 환경에서 나와 아이가 살아남는 길은 모범생과 엄친아의 허상에서 벗어나 '모든 것의 기준이 내가 되는 것'에서부터 시작된다고 생각한다. 역설적이게도 남이 내 인생의 기준이 되면 영원히 남보다 잘할 수 없게 된다. 누군가를 따라잡았다고 느끼는 순간 내 앞에 또 다른 누군가가 나타나기 때문에 늘 뒤쫓는 삶이 될 뿐이다.

쉽지만은 않겠지만 지금이라도 길들이는 것을 그만두고 길러내기를 시작해보자. 누군가의 뒤를 쫓는 사람보다는 기꺼이 자기만의 길을 만들어나가는 용기 있는 사람이 되게끔 이끄는 것이야말로 온전히 자기 자신을 사랑할 줄 아는 사회의 한 구성원으로 아이를 길러내는 일일 것이다.

지금까지 살면서 남과 비교를 당해보지 않은 사람은 드물 것이다. 그때 기분이 어땠는가? 비교를 통해 '아, 나는 이런 점이 부족하니 열심히 노력해서 꼭 저 친구처럼 되어야지'라는 생각을 하기보다는 비교를 하는 사람에 대한 감정만 나빠졌을 것이다. 심지어 성숙한 어른이 되었어도 아이가 나를 친구 부모와 비교하면 결코 유쾌하지

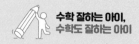

않다. 그래서 가까운 사이일수록 남과 비교하는 것은 금물이다. 비교를 통해 발전을 하면 좋겠지만 나쁜 감정이 더욱 강력해서 여기까지 미치지 못하기 때문이다. 아이가 무언가를 잘했을 때 부모들은 꼭 물어본다.

"네 친구 ○○은?"

자신의 성공에 취해 신나서 떠드는 아이에게 이 말은 모처럼 자신감을 상승시킬 수 있는 좋은 기회를 한순간에 날려버리는 꼴이 된다. 이 말을 처음 듣는 아이라면 '여기서 갑자기 그걸 왜 묻는지' 의아할 수도 있다. 나의 성공이 대체 친구와 무슨 상관인지 알 수 없는 것이다. 그러나 이런 질문을 몇 번 받고 나면 아이들은 이내 속뜻을 알아차리게 된다. 그리고 무의식중에 친구를 경쟁 상대로 인식하기 시작할 것이다. 건강한 경쟁심이 아닌, 무얼 하든 남보다 잘해야 한다는 강박관념은 그 자체로 스트레스이므로 지속적인 성과를 내기는 어렵다.

3장

중등 수학,
아직 늦지 않았다

중등 수학 어떻게 하면 잘할 수 있을까?

한스컨설팅 대표 한근태 님의 《일생에 한번은 고수를 만나라》에는 다음과 같은 내용이 나온다.

"고수들은 적게 일하고 많이 번다. 하수들은 오래 일하지만 적게 번다. 고수는 남들이 하지 못하는 일, 대체할 수 없는 일, 그 사람이 아니면 할 수 없는 일을 한다. 하수는 누구나 할 수 있는 일을 한다. 처음부터 고수가 될 수는 없다. 남들과 다르기 위해서는 오랜 시간의 경험과 학습 그리고 지식 축적이 필요하다. 이를 위해서는 집중력이 관건이다. 시간을 집중하고, 자원을 집중하고, 정신력을 집중할 수 있어야 한다. 집중할 수 있으면 고수, 집중하지 못하면 하수다."

수학 성적을 잘 받는 아이들도 고수다. 공부 시간을 늘리는 것, 누구나 할 수 있는 노력을 하는 것, 열심히만 하는 것은 하수다. 수학 성적을 올리기 위해서는 남들과 다른 경험과 학습이 필요하고 이를 위해서는 집중력이 관건이다. 단순히 학습을 위한 집중력만이 아니다. 시간을 집중하고, 자원을 집중하고, 정신력을 집중할 수 있어야 한다. 그리고 집중력은 총량보다 방향이 중요하다. 특히 수학에 있어서는 우리가 흔히 알고 있는 상식을 깨뜨릴 필요가 있다.

　수학은 속도전이 아니다. 그럼에도 유독 수학 공부에 속도를 내고 선행 학습을 하는 아이들이 많은 이유는 우리나라의 수학 교육 과정이 차곡차곡 계단처럼 올라가는 구조이기 때문이다. 즉 기초가 부족하면 다음 계단을 오르기 힘들고 반대로 실력이 뛰어나면 다음 계단을 오르기가 수월하다. 그런데 여기서 누군가 계단을 빨리 오를 수 있게 도와주겠다고 하면 부모들은 흔들리기 쉽다. 남들보다 빨리 계단에 올라서면 대학 입시에 유리할 것만 같기 때문이다.

선행 학습보다 중요한 후행 학습

우리나라의 수학 교육 과정이 계단식인 것은 오히려 선행 학습의 불필요성을 나타내기도 한다. 〈중학교 수학 교육 과정〉에서 중학교

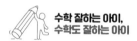

중학교 수학 단원명

중학교 1학년		중학교 2학년		중학교 3학년
수와 연산 소인수분해 정수와 유리수	→	**수와 연산** 유리수와 순환소수	→	**수와 연산** 제곱근과 실수 근호를 포함한 식의 계산
문자와 식 문자의 사용과 식의 계산 일차방정식	→	**문자와 식** 식의 계산 일차부등식 연립일차방정식	→	**문자와 식** 다항식의 인수분해 이차방정식
좌표평면과 그래프 좌표평면과 그래프 정비례와 반비례	→	**함수** 일차함수와 그래프 일차함수와 일차방정식과의 관계	→	**함수** 이차함수와 그래프
기하 기본 도형 작도와 합동 평면도형의 성질 입체도형의 성질	→	**기하** 삼각형과 사각형의 성질 도형의 닮음 피타고라스 정리	✕	**확률과 통계** 대푯값과 산포도
자료의 정리와 해석 자료의 정리와 해석	→	**확률과 통계** 확률과 그 기본 성질		**기하** 피타고라스 정리 삼각비 원의 성질

EBSMath 참조

3년 과정을 살펴보면 놀랍도록 같은 단원의 반복임을 알 수 있다. 그렇다면 이토록 완벽하게 계단식으로 짜인 교육 과정에서 아이가 장기적으로 수학을 잘하려면 어떤 전략이 효율적일까? 선행 학습과는 반대로 만약 현재 학년의 공부가 아주 많이 되어 있다면 어떤 일이 일어날까?

수학의 모든 단원의 끝은 다음 학년의 기초가 된다. 앞만 보고 달리는 우리는 자꾸 단원의 끝을 소홀히 하고 다음 학년으로 넘어가고 싶어 한다. 빨리 진도를 나가면 왠지 안심이 되기도 하고 대충 한 번 보고 나중에 또 봐야지 하는 마음으로 속도에 집착하는 것이다. 하지만 단원의 끝, 즉 심화 학습을 제대로 하면 그것이 곧 선행이 된다. 심화 문제를 본인의 힘으로 어렵지 않게 해결했다면 다음 단원으로 넘어가도 좋지만 어렵사리 해결했다면 현재에 좀 더 집중하여 개념과 기본 문제를 더 많이 연습해야 하는 것이다. 그래야 다음 학년에서 같은 단원을 공부할 때 주춧돌이 없는 황당한 상황을 겪지 않는다. 심화 문제를 쉽게 해결하는 학생은 한 단계 더 심화된 문제집을 한 권 정해서 단원을 마칠 때마다 풀면 된다.

　수학은 반복한다고 실력이 좋아지는 암기과목이 아니다. 한 번 할 때 제대로 해야 하는 집짓기와 같다. 주춧돌이 부실하면 그것부터 해결을 해야지 일단 벽부터 세우고 다시 돌아와 고치는 건 말이 안되는 얘기다. 주춧돌을 튼튼히 세운 후에 시간이 남고 능력이 되면 비로소 다음 단계로 나아갈 수 있는 것이다. 그러므로 선행 학습은 할 수 있는 만큼만 하는 것이 최선이고 최고다.

　그래도 학교 내신을 대비해 선행 학습을 좀 해야 마음이 놓이겠다 싶으면 딱 한 학기 정도만 하는 걸 추천한다. 어차피 미리 배워도 잊어버리기 때문이다. 선행 학습의 목적은 최종적으로 내신을 잘 받기 위함이고 내신은 현재 학년의 학교 시험을 잘 보면 되는 것이다. 중3 내신을 잘 받기 위해 중1 때 선행하는 것이 과연 효율적일

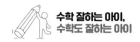

까? 2년 동안 잊어버리지 않을 수 있을까? 인간은 망각의 동물이다. 선행 학습도 효율을 따져서 해야 한다.

수학은 언제나 기피과목 1위라는 불명예를 안고 있는데 나는 그 원인 중 하나로 무분별한 선행 학습을 꼽는다. 초등학생들까지 선행 학습에 열을 올리는 경우를 보면 너무 안타깝다. 또 얼마나 많은 아이들이 선행 학습을 하다가 수포자가 될까 싶어 화가 나기도 한다. 불안한 학부모와 계산 빠른 사교육 시장이 합심해서 만들어낸 괴물인 과도한 선행 학습은 고스란히 우리 아이들의 피해로 되돌아온다는 사실을 기억해야 한다.

문제를 많이 풀면 수학 성적이 오를까?

한 번 틀렸던 문제를 다음 시험에서 맞으면 성적은 저절로 올라간다. 따라서 수학 공부는 끊임없이 문제를 풀고 틀린 개수를 줄여나가는 과정이라고 할 수 있다. 그러나 문제를 풀고 정답을 맞혀보는 것까지는 엄밀히 말해 수학 공부를 했다고 보기 어렵다. 맞은 문제가 나의 현재 상황을 개선하는 데는 별 도움이 되지 않기 때문이다. 즉 맞은 문제는 이미 내가 알고 있던 사실을 확인하고 기분만 좋을 뿐 수학 실력을 늘리는 데는 쓸모없는 문제일지 모른다. 반복과 연습의 중요성을 무시하는 것은 아니지만 시간 관리 측면에서 보면 낭비에 가깝다. 문제를 무조건 많이 푸는 것이 능사는 아니라는 얘기다.

'잡은 물고기를 소중히 여기자!' 수학 공부에 있어서 내가 가장 중요하다고 생각하는 한 가지 원칙이다. 문제를 풀고 채점하는 것은 틀린 문제를 건져내기 위해 낚시질을 하는 행위와 같다. 수학 성적을 올리기 위해서는 낚시질한 문제를 소중히 여기고 제대로 활용할 줄 알아야 한다. 바로 이것이 수학 공부의 핵심이다. 틀린 문제를 재료로 다음의 과정을 거쳐 진짜 수학 공부를 해야 한다.

1) 풀기 어려웠던 문제, 틀렸던 문제는 무엇인지 살펴본다.

2) 그 문제의 개념으로 돌아가 쓸 만한 공식이 있는지 유추해본다.

3) 다시 한 번 시도해본다. 안 되면 패스한다.

4) 다음 수학 공부를 시작할 때 다시 시도해본다. 그래도 안 되면 패스한다.

5) 그 문제를 가끔씩 떠올려 본다.

6) 일주일 내로 해결이 안 되면 선생님이나 부모님, 친구 등 다른 사람에게 도움을 요청한다.

7) 도움을 요청할 사람이 없다면 해답을 보고 풀어본다.

8) 다음 수학 공부를 시작할 때 다시 풀어본다.

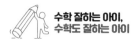
수학 잘하는 아이, 수학도 잘하는 아이

이렇게 하면 틀린 문제에 대해 여러 번 생각하게 된다. 공부를 아무리 열심히 해도 시험 때 생각이 나지 않으면 아무 소용이 없다. 학창 시절에 누구나 한 번쯤 시험을 볼 때 교과서 몇 페이지 어느 부분에 적혀 있는 것까지 생각이 나는데 기가 막히게도 딱 내용만 생각나지 않는 경험을 해보았을 것이다. 수학도 분명히 풀었던 문제인데 풀이 방법은 생각이 안 나는 경우가 많다. 수학은 문제당 배점이 높기 때문에 문제 하나 하나가 중요하고 틀릴 경우 타격이 큰 과목이다. 그 한 문제를 잊지 않기 위해 조금은 힘들지만 앞서 언급한 방식으로 공부할 필요가 있는 것이다. 쉽게 얻은 것은 쉽게 잃어버리기 마련이다.

수학에서 진짜로 암기해야 할 것

어떤 이들은 수학을 암기과목이라고 말하기도 한다. 나 역시 이 말이 절반 정도는 맞다고 생각한다. 그러나 공식을 암기하라는 뜻은 아니다. 만약 굳이 암기를 하고 싶다면 공식을 외우는 것보다 공식의 유도 과정을 외우는 편이 학습에는 훨씬 도움이 된다. 물론 유도 과정을 외우는 것 또한 비효율적이므로 시도하는 사람이 없겠지만 그만큼 공식만 달달 외우는 것은 쓸모없다는 의미다. 극단적으로 말해 공식만 사용할 줄 아는 사람은 계산기의 역할만 할 뿐 진짜 수학을 하고 있다고는 말하기 어렵다.

수학 문제는 일단 손을 댈 수 있다면 해결하는 경우가 많다. 계산 실수를 제외하고 틀리는 문제의 대부분은 접근 방법부터 생각이 나지 않는 경우다. 수학에서 진짜 암기가 필요한 부분은 바로 '문제에 대한 접근 방식'이다. 문제를 대면했을 때 어디서부터 손을 대야 할지 빨리 알아차리는 것이 수학 문제를 잘 풀 수 있는 핵심 요소다. 이 작업이 원활하게 이루어지려면 역시 연습이 답이다. 같은 방식을 사용하는 문제를 여러 형태로 경험하다 보면 반복의 힘으로 저절로 암기가 되는 것이다. 뇌에 지름길을 만드는 과정이라고 이해하면 쉽다.

그러나 이것만으로는 충분치 않다. 풀어본 문제의 양이 많을수록 수학 성적이 오르는 것이 일반적이지만 단편적인 공식을 적용하는 문제들을 많이 풀어본다고 해서 높은 성적이 나오지는 않는다. 상위권 학생들에게 심화 학습이 필요한 이유다. 물론 고통스럽고 어렵지만 본인에게 쉬운 문제 100개를 푸느니 어려운 문제 하나를 붙들고 앞서 제시한 방법으로 오랜 시간 매달리라고 조언하고 싶다. 뇌는 이런 활동 자체를 경험으로 인식하고 경험은 오랫동안 기억되기 때문이다.

어려운 문제에 집중할수록 에너지 소모가 심하다. 같은 시간을 공부해도 쉬운 문제를 해결하는 것은 에너지 소모가 적으므로 결국

효율성 측면에서 볼 때도 이는 바람직하지 않다. 우등생들이 잠을 많이 자고도 성적이 높은 이유도 이와 관련이 있다. 공부를 설렁설렁하는 아이들은 오르지 않는 성적 때문에 공부 시간을 자꾸 늘리고, 그 결과 수면 부족에 시달리는 반면 공부를 제대로 하는 아이들은 정확한 곳에 단시간 에너지를 집중해서 투입하므로 피로도가 높아 수면 시간이 더 필요할 수밖에 없는 것이다.

슬로 수학, 한번 도전해봐!

패스트푸드에 반해 슬로푸드는 일반적으로 몸에 좋다고 알려져 있다. 유전자를 조작하지 않고 자연의 속도로 키운 식재료를 천천히 시간을 들여 영양소를 파괴하지 않는 조리법으로 요리하는 슬로푸드는 다소 거칠어 보이기는 하나 우리 몸에는 물론 정신 건강에도 좋다고 한다. 슬로푸드를 먹듯 수학 공부를 한다는 것은 어떤 의미일까?

우리가 살을 찌우기 위해 음식을 먹는 것이 아니듯 문제를 많이 풀기 위해 수학 공부를 하는 것은 아니다. 문제를 많이 풀어보는 것이 수학에서 중요하긴 하지만 이것은 문제 유형에 익숙해지기 위함이다. 수학을 잘하는 사람은 문제를 잘 푸는 사람이지 결코 많이 푸는 사람을 의미하지 않는다. 높은 수학 성적을 얻기 위해서는 공식을 대입해 손쉽게 정답이 나오는 문제를 풀 줄 아는 것만으로는 부족하다. 남들이 생소해하는 낯선 문제를 풀 줄 아는 사람이 진정한 실력자라고 할 수 있다. 이러한 낯선 문제는 공식을 대입하는 것만으로는 결코 해결할 수 없다. 공식을 열심히 외워봤자 남들이 하는 정도의 수준밖에는 이르지 못하는 것이다. 게다가 공식에 기계적으로 숫자만 대입해서 얻는 정답이 무슨 의미가 있을까? 그러한 문제가 시험에 나온다는 보장도 없지만 시험을 보는 그 순간에 적합한 공식을 기억해내는 것도 장담할 수 없다.

수학에서 개념을 이해하는 것의 최대 장점은 생소한 문제를 만났을 때 도전할 수 있는 가능성이 생긴다는 것이다. 원리를 전혀 모르고 공식만 암기한 사람은 숫자만 대입할 수 있을 뿐 응용할 수 있는 능력이 없다. 하지만 공식이 생겨난 과정을 알고 있는 사람은 그 과정의 일부분이 다른 문제를 해결하는 데 필요한 재료가 된다는 것을 알 수 있다. 준비된 재료가 많은 사람이 훌륭한 요리를 만들 가능성이 높은 것처럼 수학적 개념을 많이 알고 있는 사람이 낯선 문제를 만났을 때 그것을 해결할 가능성이 높다. 게다가 과정을 많이 탐구해본 사람일수록 보다 명확하고 정교하게 수학적 개념을 내 것으로 만들 수 있다.

슬로 수학을 실천하기 위한 방법은 간단하다. 공식을 너무 좋아하

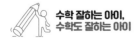

지 말라는 것이다. 수학책 속에 가지런히 정리된 공식은 군침 도는 패스트푸드 그 이상도 그 이하도 아니다. 우리가 주목해야 할 것은 그 공식이 어떻게 어떠한 이유로 탄생했는가이다. 그 과정을 탐색하는 것이 당장은 본인의 시간을 잡아먹는다고 생각하겠지만 장기적으로 보면 오랫동안 공식을 기억할 수 있는 방법이고, 심지어 공식을 잊어버려도 언제든 다시 만들어낼 수 있는 강력한 무기가 된다. 공식을 하나 외우고 있으면 한 문제밖에 못 풀지만 개념을 이해하고 있으면 열 문제를 풀 수 있기 때문이다.

훌륭한 슬로푸드 요리사가 좋은 재료를 선별하듯 슬로 수학자 또한 좋은 재료를 먼저 수집해야 한다. 이 재료는 물론 개념이 될 것이고, 개념을 수집하는 것은 공식을 비판적으로 받아들이는 것에서부터 시작된다. 공식이 만들어지는 과정 자체가 수학에서는 많은 아이디어를 제공한다. 그 무엇보다 좋은 재료가 되는 것이다.

상위권과 최상위권의 차이

몇 해 전에 만난 한 학생이 떠오른다. 성적이 좋긴 했지만 수업 태도는 그리 좋지 않은 편이었는데 하루는 그 학생의 어머니와 이야기 나눌 기회가 있었다. 평소 수업에 소극적이고 자주 졸던 아이라 이미지가 좋을 리 없었는데 학생의 어머니와 이야기를 나눈 뒤로 그 아이가 조금 불쌍해지기 시작했다.

아이는 학교가 끝나고 나면 매일 엄마와 함께 책상에 앉아 그날 수업했던 주요 과목들을 복습한다고 했다. 평소 엄마의 일과는 그날 아이가 복습한 내용을 바탕으로 요약 노트까지 만들어놓아야 끝이 났는데, 아이가 시험 기간에 암기만 하면 되도록 일목요연하게 정리하는 것이 쉽지 않다고 했다. 여기까지 들었을 때는 좀 과한 엄마표

교육이라고만 생각했는데 그뿐만이 아니라 학원과 과외까지 빈틈없이 돌리고 있었다. 아이가 늘 피곤해하는 이유였다. 그런데 그다음에 나오는 말이 너무도 충격적이었다.

중학생인 아들의 목욕을 아직도 엄마가 도와준다는 것이었다. 아들이 나중에 결혼해서도 엄마와 함께 살고 싶다고 말했다며 뿌듯해하셨지만 나는 걱정스러웠다. 내가 이 아이의 엄마라면 먼 훗날 아들보다 먼저 눈을 감을 수나 있을까 싶어서였다. 더욱 안타까운 것은 아직도 모든 걸 엄마가 해결해주는 삶을 당연하게 받아들이며 오히려 그것에 안주하고자 하는 아이였다. 훗날 아이에게 이것이 자신의 삶이 아니었음을 알게 되는 날이 차라리 오지 않기를 빌어야 하는 것인지 무척이나 혼란스러웠다.

시켜서 하는 아이, 원해서 하는 아이

소위 공부를 잘하는 아이들은 크게 두 가지 부류로 나눌 수 있다. 하나는 부모님 말씀을 잘 듣는 모범생 스타일이고 또 하나는 부모와 상관없이 뭐든 대충대충 하는 듯 보이는 괴짜 스타일이다. 모범생 스타일은 자기 주도력이 부족하고, 괴짜 스타일은 자기 주도력이 넘칠 것 같지만 실제로는 그렇지 않다. 각자 나름의 방식으로 주

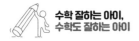

도력을 발휘하는데, 모범생 스타일의 아이들은 신중하고 경험자의 말을 신뢰하는 경향이 있어서 상황에 순응하는 것처럼 보이지만 나름 그 안에서 스스로 선택을 한다. 반면 괴짜 스타일의 아이들은 다른 사람의 경험보다는 본인의 경험을 중요하게 여기기 때문에 기존의 규칙에 얽매이지 않고 자기주장을 많이 하므로 주도적으로 보이지만 이 둘은 표현 방식이 서로 다를 뿐이다. 즉 모두 자기 주도적으로 살고 있지만 성격에 따라 표현되는 방식이 다르다는 뜻이다.

모범생 스타일의 아이가 부모가 제시한 방법을 수용하기로 결심하거나 괴짜 스타일의 아이가 다른 사람의 조언보다 자신의 경험을 믿기로 결정하는 힘은 모두 자기 주도력에서 나온다. 어떤 의사결정을 할 때 누가 시켜서 하는 것이 아니고 본인이 '직접' 선택하는 과정이 들어간다면 자기 주도력이 있다고 봐야 할 것이다. 물론 이 과정에서 부모가 영향을 줄 수는 있지만 적극적으로 개입해서 마치 아이가 자발적으로 선택한 것인 양 몰고 가는 것은 좋지 않다. 아이에게 있어 중요한 것은 내가 선택했다는 느낌이지 선택의 결과가 아니다.

주도적인 선택은 나 자신을 움직이게 만든다. 처음부터 내가 결정했기 때문에 그다음에도 내가 하고 싶어지는 것이 당연하다. 시켜서 하는 아이가 아니라 원해서 하는 아이가 되는 것이다. 아이는 원하는 것을 얻기 위해 어떤 방법이 좋을지 탐색하고 주변에 도움을 요청할 수도 있다. 이 단계에서 성격에 따라 부모의 조언이나 다른 사람들의 경험을 수용할 것인지 말 것인지가 결정되는 것이다.

최상위권의 아이들은 공부를 힘들게 하지 않는다. 머리가 좋아 대충 공부해도 성적이 좋다는 의미가 아니다. 그들 역시 공부가 힘들지만 본인이 상황을 주도하고 있기에 기꺼이 힘든 공부를 마다하지 않는 것뿐이다.

현실과 이상을 분리하라

학생들에게 성적을 왜 올려야 하는지 물어보면 대부분 '올리는 게 당연하지 뭘 그런 걸 묻느냐'는 표정이다. 이런 경우 십중팔구 장래 희망이 모호하다. 생각이 많아서 그런 거라면 다행이지만 문제는 자신의 미래에 대해 고민해본 적 없이 눈앞에 닥친 일들만 해결하다 보니 그렇게 된 경우가 많다.

이와는 반대로 목표가 뚜렷한 아이들은 그렇지 않은 아이들보다 성적을 올리기 쉽다. 이렇게 말하면 부모들은 자녀가 꿈이 없어서 걱정이라고 하겠지만 학창 시절에 명확한 꿈을 가지고 있는 경우는 그다지 많지 않다. 설령 그때의 꿈을 어른이 되어 이뤘다 해도 과거

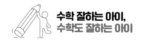

에 생각했던 것과는 많이 다른 현실에 이것이 진정 내가 꿈꾼 삶이 맞나 싶은 생각이 들기도 할 것이다.

진로를 일찍 결정할수록 대학 입시에 유리한 것은 사실이다. 좀 더 빨리 전공과 관련된 활동을 할 수 있고 이것이 학생부에 기록되기 때문이다. 그러나 현실은 다르다. 많은 학생들이 이런 속설로 인해 고1 때 직업을 선택하고 그에 맞는 전공 적합성을 갖추기 위해 이것저것 활동 기록을 남기지만 정작 고3이 되면 성적이 미치지 못해 지원조차 할 수 없는 경우가 대부분이다. 최고의 스펙은 성적이라는 말이 괜히 나온 것이 아니다.

그렇다면 이쯤에서 '진로를 일찍 결정하는 것이 과연 좋을까?'라는 의문이 든다. 고1 때 자기 자신을 정확히 파악하고 이를 토대로 적합한 직업과 전공을 선택하는 것이 과연 가능할까? 대부분의 아이들이 불가능할 것이다. 그러므로 오히려 최상위권 학생들은 선택의 범위를 넓힌다. 입학 때부터 한 가지 목표를 향해 뛰는 특별한 경우를 제외하면 자신이 원해서 공부하는 아이들은 현실과 이상을 분리해서 볼 줄 안다. 고1 때는 계열 정도만 정해놓고 경험을 해본 다음 점차 하고 싶은 분야를 구체화시키다가 고3이 되어서 성적을 고려해 대학과 전공을 정하는 방식이다.

그러나 이것보다 더 큰 특징이 있는데 그것은 이들이 중요한 것에 집중한다는 사실이다. 학생부를 챙기느라 성적을 소홀히 하는 우를 범하지 않도록 자신의 에너지를 알맞게 분배해서 사용할 줄 아는 것이다.

최상위권 아이들의 자기 관리 비결

좋은 성적을 받는 것은 자신의 위치를 정확히 파악하고 어떤 점이 부족한지 판단하여 그 부분을 보강하고 철저히 준비함으로써 가능하다. 이런 면에서 최상위권 학생들은 매우 치밀하다고 할 수 있다. 과제 하나, 시험 문제 하나에도 등급이 갈리는 잔인한 현실에서 후회하지 않으려면 집요할 정도의 치밀함이 요구되기 때문이다.

그러나 반대로 이들은 낙천적이기도 하다. 언뜻 이해가 가지 않겠지만 낙천적으로 생각하는 것 또한 자기 관리 능력에 포함되기 때문이다. 시험을 한 번 망쳤다고 좌절해버리면 다음 시험을 제대로 준비할 수 없다. 최상위권 학생들은 넘어져도 빨리 일어나는 것이 습관이 된 아이들이라고 할 수 있다.

실제로 학교에서 마주치는 최상위권 학생들을 보면 자기 관리 능력이 매우 뛰어나다는 느낌을 많이 받는다. 심지어 성적이 일시적으로 떨어져도 앞으로 상승 곡선을 그리면 된다며 스스로를 안심시킨다. 자신의 미래에 대해서는 부정적인 그림보다는 긍정적인

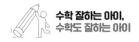

그림을 그려나가는 것이다. 상위권 학생들이 당장 눈앞에 보이는 현재의 점수를 걱정할 때 최상위권 학생들은 왜 이 문제를 틀렸는지에 집중하고 놓친 점수에 대해서는 최대한 빨리 털어버린다. 부정적인 감정에 매몰되지 않기 위해서다. 어떻게 그럴 수 있는지, 놓친 점수가 아쉽지 않느냐고 물어보면 그래봤자 달라지는 것은 없다고 답하는 경우가 많았다.

어리지만 자기 자신에 대해 잘 알고, 스스로 감정을 조절할 줄 아는 주도적인 사람만이 할 수 있는 비법이 아닐 수 없다.

3 수포자가 되기엔 아직 너무 이르다

성공한 사람들의 이야기를 듣고 나면 왠지 나도 성공할 수 있을 것만 같다. 그들이 얘기한 대로만 따라 하면 될 것 같기 때문이다. 그러나 정말 그럴까?

예를 들어 100세가 넘는 나이에도 흡연을 하면서 건강하게 사는 노인이 있다고 할 때 흡연이 장수의 조건이 아님을 우리는 알고 있다. 흡연은 단지 그 사람이 가진 습관 중 하나일 뿐 그것이 장수의 비결은 아닌 것이다.

이런 오류는 성공학에서도 나타난다. 때론 성공한 사람조차 자신이 했던 어떠한 행위 덕분에 성공을 한 것인지 명확히 알지 못한다. 소위 그들이 말하는 성공 비결은 성공이라는 결과에 대한 원인을 찾다 보니 억지로 끼워 맞춘 것일 수도 있다. 이것이 바로 생존자 편향이다. 패자는 말을 할 수 없기 때문에 승자가 한 말이 곧 비결이 되어버린다. 그러나 대조군(실패자)이 없으므로 검증된 비결이라고 할 수 없다.

어떤 행위가 성공의 열쇠라고 말할 수 있으려면 최소한 같은 행위를 한 실패자들의 이야기도 들어봐야 하지만 이것은 불가능하다. 그래서 모든 성공의 비결은 반쪽짜리다. 분명 같은 행위를 했음에도 실패한 사람이 존재할 것이기 때문이다. 어쩌면 성공은 우연인지도 모른다는 생각이 들기 시작한다. 따라서 우리는 성공한 사람들의 이야기를 들을 때 그들이 행한 '방법'보다는 그들의 '마인드'에 관심을 가져야 한다.

예를 들어 전교 1등이 무슨 책으로 공부를 했고, 어떤 학원을 다니며 잠을 몇 시간 잤는지는 중요하지 않다. 그보다 그렇게 하기로 결심한 이유와 어떤 마음으로 그 과정을 견뎠는지 물어보는 편이 낫다. 안타깝지만 꼴찌도 1등 못지않게 책을 사고, 학원을 다니고, 잠을 줄여가며 공부했을지 모른다. 그만큼 진정한 성공 비결은 마음 속에 있다. 그것이 바로 강한 동기부여로 인해 늦게 공부를 시작한 사람이 더 좋은 성과를 내는 경우를 심심치 않게 볼 수 있는 이유다.

내가 수학을 잘할 상인가?

수학을 가르치며 만나는 아이들 중에는 특별히 반짝거리는 아이들이 있다. 성적이 좋지는 않아도 본질적인 질문을 던지는 아이들이다. 본질적인 질문의 대표적인 예는 어려운 문제를 풀 때 '어떻게 그 아이디어를 떠올렸는지' 묻는 것이다.

어려운 문제를 풀어주었을 때 나오는 학생들의 반응은 '감탄' 혹은 '체념' 두 가지다. 문제를 해결하는 것 자체가 멋져 보여 수학이라는 학문에 매력을 느끼게 되는 감탄은 나쁘지 않다. 그러나 흥미를 느끼기보다 '저렇게 어려운 걸 나보고 어떻게 풀라는 거야? 나는 죽어도 못하겠네'라고 체념해버리면 다음 단계는 수포자일 수밖에 없다.

내가 가장 좋아하는 반응은 이것이다.

"선생님은 그 생각을 어떻게 하신 거죠?"

이 질문을 받으면 그때부터 그 학생이 달리 보이기 시작한다. 수학 문제를 잘 푸는 사람은 문제를 읽으면서 머릿속에 어떤 아이디어를 활용해야 하는지가 떠오르는 사람이다. 그런데 우리는 수학을 배울 때 아이디어의 결과만을 배운다. 아니, 이건 배우는 게 아니라 관찰이라고 표현해야 맞다.

학창 시절에 수학 선생님이 칠판에 문제를 풀어주는 상황을 생각해보면 이해가 쉬운데, 칠판에 적힌 풀이 과정은 사실 계산을 위해 연습장에 풀이를 하는 것과 크게 다르지 않다. 문제를 풀기 위해 무언가를 적기 시작할 때는 이미 구상이 다 끝난 후다. 중요한 것은 풀이 과정이 아니라 그 전에 머릿속에서 일어나는 일이다.

그러므로 이것이 궁금해지는 학생은 반짝거릴 수밖에 없다. 문제 해결의 첫 단추를 어떻게 꿰어야 하는지 묻고 있기 때문이다. 그리고 이런 질문은 보통 조금 늦게 수학에 재미를 붙인 학생에게서 발견할 수 있는데 아마도 메타인지능력(자기 자신을 판단하는 능력)이 발달해야만 가능한 질문이기 때문인 듯하다. 혹시 아이가 이런 질문을 했다면 본격적으로 수학을 부스트업(boost up) 할 시기가 되었다고 봐도 된다. 행여 다른 친구들에 비해 수학 공부가 조금 늦었더라도 걱정할 필요가 없다. 축복 같은 기회를 선물받았다고 생각하고 전적으로 지원해주면 훌륭한 성과를 낼 것이다.

수학 공부하기에 참 좋은 시기

고등학교 입시철이 되면 각자 자신에게 맞는 고등학교를 찾느라 나름 분주하게 지내는 중3 아이들에게 나는 곧잘 잔소리를 한다. 어린이로 살아온 기간이 길었던 만큼 자신들에게 선택권이 주어졌음에

도 알아차리지 못하기 때문이다. 그저 상황에 떠밀려 중3이 되었을 뿐이다. 본인이 적극적으로 선택을 하여 중3이 된 것이 아니므로 앞으로의 인생도 비슷한 방식으로 흘러갈 것이라고 예측하는 듯하다. 그래서 남들이 가는 길로 가고자 하는 아이들이 많다. 남들과 비슷하게, 안전하게, 평범하게 사는 것이 정답이라고 생각하며 말이다.

아이들에게 나는 손에 쥐어진 선택권을 보라고 말했다. 처음이라 생소하겠지만 인생 최초로 고등학교를 선택할 수 있는 권리가 생겼으니 기뻐할 일이라고 재차 강조했다. 훗날 아무 생각 없이 친구들이 많이 가는 고등학교를 선택한 것을 두고두고 후회할 수도 있다고 겁을 주기도 했다.

물론 그런 고등학교가 나쁘다는 것은 아니다. 다만 누군가 물었을 때 적어도 그 고등학교를 왜 선택했는지는 스스로 대답할 수 있어야 한다. 그것이 바로 '선택'이라는 것이다. 아무 고민 없이 앞사람이 가니까 따라가놓고 나중에 친구나 부모님, 선생님을 원망해서는 안 된다. 중3 정도가 되면 자기 인생에 아주 조금이지만 책임을 질 수 있어야 한다.

내 잔소리에 교실 분위기는 이내 무거워졌지만 이상하게도 아이들의 눈동자에서는 빛이 났다. 이럴 때 나는 희망이라는 단어를 눈으로 보는 것 같은 느낌이 든다. 어린아이 티를 이제 막 벗은 중학생들이 어른이 되기 위해 길을 나서는 듯 보이기 때문이다.

초중고 학생들을 다 가르쳐본 입장에서 가장 정신적으로 많이 성숙하는 시기가 바로 중3이 아닐까 생각한다. 특히 고등학교 입시를 치르면서 처음으로 자신의 진로에 대해 진지하게 생각해보고, 공부를 왜 해야 하는지도 함께 고민하는 친구들이 많다. 이전까지는 어른들이 시키니까 그냥 하는 수준이었다면 이제부터는 자신의 미래를 위해, 꿈을 위해 제대로 공부를 해야겠다고 선언하는 친구들이 많아진다. 자연스레 주요 과목인 수학에도 열정을 불태우는 아이들이 눈에 띄기 시작한다.

경험상 이 시기에 열정이 솟아나면 막을 길이 없다. 말 그대로 '뜯어말려도' 수학 공부에 미치는 행복한 증상이 나타난다. 그동안 안 했던 것을 짧은 시간 안에 만회할 뿐만 아니라 놀랄 만한 성과를 이뤄낸다. 중1이 중3 수학을 이해하려면 시간이 오래 걸리지만 열정에 불타오르는 중3에게 중1 수학은 껌이나 다름없다. 이렇게 중학교 과정을 단시간에 섭렵하고 나면 수학이 재미있어지는 수순으로 이어진다. 우리가 진정으로 원하는 바다.

이것을 지켜보는 것은 꽤 즐거운 일이다. 물론 자주 경험하는 일은 아니지만 역시 공부에 적당한 때는 '내가 준비되었을 때'라는 사실을 일깨워주는 좋은 예다. 그리고 나는 이것을 주로 중3 학생들에게서 많이 발견했다.

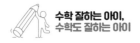

중학교 성적은 대체로 믿을 것이 못 된다

가끔 놀라운 아이들을 발견한다. 수학 문제를 다 읽기도 전에 풀기 시작하는 아이들이다. 시중에 나와 있는 문제집을 다 섭렵하기라도 한 듯 문제를 보자마자 자동적으로 풀기 시작한다. 이 아이들은 나를 또 한 번 놀라게 하는데 문제를 어떻게 풀었는지 설명해달라고 하면 원리를 전혀 모르고 있기 때문이다. 심지어 왜 복잡하게 그런 원리를 알아야 하는지 반문하기도 한다. 간편한 공식에 숫자만 대입하면 되는데 굳이 머리 아플 필요가 있냐는 표정이다.

이런 친구들은 수학을 쉽다고 여긴다. 공식만 외우고 있으면 답이 저절로 나온다고 생각하기 때문에 기계적으로 풀고 정답을 맞히면 그만이다. 그러다 새로운 문제를 만나면 또 그에 맞는 공식을 알려달라고 한다. 그걸 알아야 해결할 수 있다고 믿으며 따라서 수학은 공식을 암기해서 숫자만 대입하는 과목이라고 오해하기 쉽다.

그러나 이런 식의 공부는 잘해봐야 중학교 때까지만 통한다. 무지막지한 연습량으로 원하는 수학 성적을 획득하는 것은 시간 많은 저학년에게서나 가능한 방법이다. 게다가 많은 문제를 풀기 위해서는 성급함이 추가되는 경우가 많다. 수학에서 성급함은 독약이나 다름없다. 나는 그들에게 묻고 싶다. '정답에 빨리 이르는 것보다 중요한 건 지속성이 아닐까?'

중학생 때까지는 수학을 좋아하기보다 잘하는 것이 더 쉽다. 연습을 어느 정도 하면 점수를 얻는 것이 어렵지 않다는 의미다. 그러나 수학을 좋아하는 것은 다른 문제다. 수학을 좋아하는 학생은 오히려 고학년이 될수록 많아진다. 즉 문제의 난이도가 어느 정도 높아져야 좋아하는 것과 잘하는 것이 구분된다. 적당한 연습으로 수학을 잘하는 것은 지속성이 길지 않다. 물론 가장 바람직한 것은 좋아하는 것과 잘하는 것이 상호작용을 일으키는 경우지만 이것이 불가능하다면 일단 좋아하는 것이 먼저다.

중학교 때까지만 수학 공부를 하고 그만둘 것이 아니라면 우리는 초등학교 때는 물론 중학교 때 수학을 좋아하기 위한 노력을 하는 것이 맞다. 내가 본 수많은 중학생들은 무턱대고 외운 공식에 숫자만 대입하는 것을 수학으로 착각하고 그렇게 해서 받은 괜찮은 수학 점수에 쉽게 마음을 놓는다. 또 반대로 점수가 형편없는 경우에는 자신이 수학에 재능이 없다고 여겨 일찌감치 포기해버린다. 중학교 때 중요한 건 수학 성적이 아니라 '수학을 어떤 식으로 공부하느냐'이다. 그리고 얼마든지 다시 시작해도 늦지 않는 시기라는 걸 잊지 말아야 한다.

흔들리지 않는 부모 되기

부모의 권위를 스스로 지키는 법

내가 가끔 찾는 카페는 바로 근처에 어린이집이 있어서 하원 시간이 되면 아이와 엄마들의 모습을 많이 볼 수 있다. 몇몇은 하원하면서 마음 맞는 친구들끼리 잠시 놀게 하고 엄마들은 그곳에서 차를 마시며 이야기를 나누기도 한다. 아이들은 엄마가 친구와 함께 노는 것을 허락해주면 너무 신나서 카페에 붙어 있는 키즈룸으로 뛰어간다. 아이들끼리 노는 모습을 보고 있으면 어찌 그리 작은 사람들이 옹기종기 모여서 종알거리는지 보기만 해도 기분이 좋아진다.

그런데 조금 있으면 낯익은 상황이 눈에 들어온다. 신나서 뛰어간 아이가 곧 다시 돌아와 엄마에게 묻는다. "몇 시까지 놀 수 있어요?" 엄마의 대답을 들은 아이는 그 시간까지 알차게 노는 것이 남는 장사라는 것을 아는 듯 얼른 다시 친구들에게 달려가 신나게 논다. 하지만 아이는 엄마와 약속한 시간에 돌아오지 않는다. 어차피 친구들과 함께 있으니 본인이 엄마와 한 약속은 무의미해진다고 생각한 모양이다. 결국 엄마들이 다 같이 일어나 아이들을 데리고 가려고 하면 이번엔 아이들이 가만히 있지 않는다. 조금만 더 놀게 해달라고 단체로 떼를 쓰기 시작하는 것이다. 그러면 엄마들도 대체로 시간을 조금 더 연장해주어 애초에 약속한 시간은 흔적도 없이 사라지고 만다.

평소 법륜스님 책을 자주 보는데 거기에 이런 이야기가 나온다. 아이가 장난감 가게 앞을 지나다가 뭘 사달라고 조르면 부모들은 안 된다고 말한 뒤 아이가 그냥 지나치길 원한다. 그러나 아이는 몇 번을 더 조르다가 안 되면 가게 앞에 드러누워 생떼를 부리거나 고집이 센 아이는 소리를 지르며 울고불고 난리를 친다. 부모는 다른 사람들 눈도 있고 거기서 아이를 야단치는 것도 불편하여 못 이긴 척 그냥 장난감을 사줘버리고 만다. 그럼 결과적으로 아이는 뭘 배우게 되었을까? 아이는 부모가 안 된다고 말했어도 자기가 떼를 쓰면 상황이 바뀔 수도 있다는 걸 배우게 된다.

내가 카페에서 본 상황 말고도 비슷한 사례는 무수히 많다. 부모가 아이를 키울 때 흔들림 없이 중심을 잡고 키우려면 반드시 부모

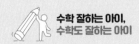

로서의 권위가 있어야 한다고 한다. 그런데 권위는 내가 만드는 것이 아니라 남이 만들어주는 것이다. 부모의 권위란 아이가 기꺼이 부모를 믿고 따르려는 의지가 포함된 개념이다. 그런데 주변을 둘러보면 부모 스스로 권위를 내려놓는 경우가 많은 것 같다. 물론 쉽지 않은 일이다. 모든 부모는 초보이기 때문이다.

그러므로 아이들과 약속을 할 때는 꼭 지킬 수 있는 약속만 해야 한다. 사소한 결정은 아이에게 맡겨 두되 한 번 입 밖에 낸 것은 무슨 일이 있어도 지켜야 아이들도 부모의 말을 믿을 것이다. 아이가 떼를 쓴다고 들어줄 요구라면 처음부터 들어주는 편이 낫다. 꼭 지켜야 할 원칙이라면 협상의 여지를 주면 안 된다. 놀이 시간을 연장해주거나 장난감을 사주는 것은 솔직히 아이와 씨름하는 게 힘들고 귀찮아서일지도 모른다. 아이들은 귀신같이 부모의 사용법을 잘 안다. 엄마에게 얼마나 떼를 쓰면 들어주는지, 아빠가 어떤 상황에서 요구를 잘 들어주는지 이미 감각적으로 알고 있다. 사실, 태어나면서부터 겪어온 세월이 얼만데 엄마 아빠를 모를까.

아이의 자존감을 올려주는 질문법 한 가지

미켈란젤로가 버려진 돌덩이를 가지고 다비드를 조각한 후에 한 말은 유명하다. "다비드는 이미 그 돌 안에 있었고 나는 불필요한 부분을 제거했을 뿐이다"라는 그의 말은 겸손과 더불어 예술품을 대하는 태도에 있어서도 본받을 점이 많다. 아이를 교육하는 것도 이와 같다고 생각한다. 운명론을 믿는 건 아니지만 흔들림 없는 원칙을 고수하기 위해 운명론적인 사고방식은 많은 이점이 있다. 아이가 이미 어떤 삶을 살지 결정되어 있다면 우리가 해야 할 것은 무엇일까? 돌덩이 안에 갇혀 있는 아이를 조심히 세상 밖으로 꺼내주는 것이 최선일 것이다. 아이가 다치지 않도록 말이다.

그러나 아무리 돌덩이 안에 다비드가 얌전히 들어앉아 있다 해도 미켈란젤로가 형편없는 조각가였다면 다비드를 밖으로 끌어내지 못했을 것이다. 즉 부모는 솜씨 좋은 조각가가 되어야 한다. 아름다운 다비드를 온전히 세상에 내놓기 위해 미켈란젤로에게 조각칼이 있었다면 우리에게는 어떤 도구가 있을까?

대학원에서 여러 가지 상담 기법에 대한 이야기를 흥미롭게 들은 적이 있다. 그중에는 당장 써먹을 수 있고 아이의 자존감을 높일 수 있는 좋은 질문법이 있었는데 아이에게 칭찬을 해주는 다양한 방식 중 하나인 이 질문은 내가 들어도 기분이 좋아졌다. 바로 "너는 어떻게 이렇게 할 수 있었니?"라는 질문이다.

이 질문 하나로 아이는 순식간에 위치가 격상된다. 질문을 통해 부모가 아이에 대해 감탄하고 있다는 걸 느낄 수 있기 때문이다. 나는

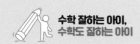

이런 질문을 받으면 기분이 어떨까 잠시 상상해보았는데 어렵지 않게 떠올릴 수 있었다. 우쭐함이었다. 이런 질문을 받으면 일단 칭찬을 받고 대화를 시작하는 것이니 기분이 좋을 수밖에 없을 것이다.

무엇보다 이 질문의 좋은 점은 아이의 자존감을 확실히 올려준다는 데 있다. 아이는 질문에 대한 답을 찾기 위해 생각을 할 것이다. '내가 이걸 어떻게 했지? 어떤 마음으로 했지?' 부모에게 자신의 경험을 즐겁게 이야기하는 동안 아이는 자연스럽게 자신이 무언가를 이미 해낸 사람이라는 것을 확인할 수 있고, 이는 또 다른 일도 어렵지 않게 해낼지도 모른다는 자신감으로 연결된다.

아이의 대답이 끝난 뒤 부모는 그저 아이에게 가벼운 칭찬을 건네는 것만으로도 충분하다. 이미 아이는 스스로 자존감을 확인했고, 부모의 따뜻한 지지를 받고 있음을 느낄 수 있기 때문이다.

아이의 미래를 바꾸는 준비된 부모란?

아이가 무언가를 해보고 싶어 하는 눈빛을 본 적이 있는가? 근무하던 학교에 운동부가 있었다. 운동부 학생들은 이미 초등 저학년 때부터 많은 시간을 운동에 빼앗기므로 수업에 열의를 가지기 힘든 것이 사실이다. 그러나 기특하게도 그중 몇몇은 어떻게든 수업에도 열심히 참여해보려고 졸린 눈을 비비며 버티곤 했다. 하루는 그런 학생 중 한 명이 고민이 있다며 나를 찾아왔다.

일찌감치 운동을 시작했기 때문에 운동을 빼놓고는 자신이 할 수 있는 게 없을 것 같다고 했다. 그러나 문제는 경기 성적이 시원치 않은 데 있었다. 이제 와서 다시 공부를 시작하기엔 엄두가 안 나고 그렇다고 운동을 계속하기엔 자신이 없다고 했다. 스포츠계의 생태를 잘 모르는 나는 이야기를 들으며 도리어 아이에게 여러 가지를 묻게 되었다. 그런데 어느 순간 정신을 차려보니 아이가 말을 너무 조리 있게 잘하고 있다는 것을 깨달았다. 그동안 운동만 하며 살았을 텐데도 아이는 너무나 말솜씨가 좋고 발음 또한 훌륭했다.

아이에게 나는 이 점을 가리키며 꼭 운동을 하지 않더라도 스포츠 매니지먼트 회사에 들어가 선수를 대신해 연봉을 협상하고 광고주를 설득하는 등 사람들과 많이 소통하는 일에 잘 어울릴 것 같다고 조언했다. 아이는 눈을 반짝이며 나에게 정말이냐고 되물었다. 자기는 평생 운동이 아니면 할 것이 없다고 생각해 너무나 우울했는데 내 이야기를 들으니 고등학교에 진학해 다른 길을 찾아볼 수 있을 것 같다며 활짝 웃었다.

모처럼 나도 어른 역할을 제대로 한 것 같아서 기분이 아주 좋았다. 그리고 한편으로는 가슴을 쓸어내렸다. 만약 내가 이 아이의 장점을 발견하지 못했다면 그리고 다양한 진로에 대한 정보가 없었다

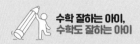

면 어땠을까 싶어서였다. 아이가 절망에 빠졌을 때 일으켜 세워 줄 수 있는 어른이 되는 것은 준비가 없으면 불가능하다. 그런데 이 준비라는 것이 하루아침에 가능한 것이 아니므로 꾸준히 사회에 관심을 갖고, 독서를 통해 시야를 넓히고, 사람들마다 가지고 있는 장점을 찾으려는 노력과 연습이 필요하다. 이러한 순간은 늘 예고 없이 찾아오기 때문에 우리는 타이밍을 잴 것이 아니라 언제든지 손 내밀 수 있는 준비를 하고 있어야 한다. 아이에게 도움이 절실히 필요할 때 부모가 건넨 격려의 말 한마디는 아이를 단번에 움직이게 할 만큼 강력하기 때문이다.

실패를 두려워하지 않는 아이로 키우고 싶다면

특목고 대비 방법을 블로그에 올렸을 때 학부모들이 내게 했던 질문은 크게 두 가지였다. 하나는 특목고에 지원하기로 최종 결정하고 구체적인 방법을 물어보는 경우였고, 또 하나는 특목고에 지원했다가 떨어지면 아이가 받을 상처가 걱정되어 지금이라도 일반고로 마음을 바꿔야 할지 고민하는 경우였다.

부모는 아이가 성공하길 바라는 것만큼이나 아이가 실패했을 때 받을 상처를 걱정한다. 그러나 도전은 어쩔 수 없이 실패에 대한 두려움과 한 몸인 것이 당연하고 따라서 자기 주도적인 삶은 두려움을 관리해야 하는 삶이기도 하다.

아이 입장에서 생각해보자. 아이는 이제 열여섯 살이다. 인생 최초로 큰 결정을 했고 이 도전에 16년 인생을 송두리째 걸었다고 해도 과언이 아니다. 아이 입장에서는 생전 처음 세상에 도전장을 내민 기분일 것이다. 경험상 특목고에 지원을 결심하고 나면 아이들의 눈빛이 달라진다. 막중한 책임감을 느끼고 있는 것이 다른 사람들 눈에도 보일 정도다. 백이면 백 공부를 더 열심히 해야겠다는 결의가 느껴진다.

하지만 한편으론 마음 한구석이 계속 불안하다. 불합격하면 창피해서 어쩌나, 입학해서 내신을 죽 쑤면 어쩌나, 대단한 친구들 사이에서 바보 취급당하는 건 아닐까 이런저런 걱정이 밀려온다. 그러니 입학하기 전까지라도 최대한 공부를 하고 들어가야겠다는 결심을 자동으로 하게 된다. 어떤가? 우리 어른들과 과연 다른가?

부모가 하는 걱정을 아이도 고스란히 하고 있다. 그런데 여기서 부모가 불안해하면 아이는 더 불안해진다. 아이는 부모의 표정과 말을 통해 사태의 심각성을 판단하기 때문이다. 그렇다면 어른은 아이에게 무슨 말을 해주어야 할까? 부모가 아이에게 걱정하는 모습을 보이면 불안감만 가중시킬 뿐 아이에게 전혀 도움이 되지 않는다. 부모는 자고로 의연해야 한다.

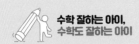

특목고에 떨어진다고 해서 별일이 생기는 것은 아니다. 합격한다고 남은 인생이 해결되는 것도 아니고, 불합격해서 일반고에 가게 되는 것이 어쩌면 3년 뒤에 웃게 될 가능성이 더 높을 수도 있다. 바로 이러한 사실들을 아이에게 말해주면 되는 것이다. 합격하면 합격하는 대로 좋은 일이고, 불합격하면 그에 맞는 다음 선택을 하면 될 뿐이라고 말이다.

부모는 이런 식으로 되어도 좋고 안 되어도 좋은 이유가 있으므로 불안해할 필요가 없다는 것을 아이에게 말해주고 부모 또한 그러한 마음가짐으로 아이를 응원하면 된다. 아이가 불안감에 흔들릴 때는 도전 정신 자체만으로 이미 훌륭하다고 손뼉 쳐주는 부모가 필요하고, 실패를 통해 많은 걸 배울 수 있음을 상기시켜주는 진정한 어른이 필요한 순간이다.

부모가 굳은 심지로 흔들리지 않으면 아이도 따라서 의연해진다. 그리고 이러한 태도는 아이가 앞으로 살아갈 자기 주도적인 삶에 있어서 꼭 필요한 마음가짐이다. "사람들이 성공하지 못하는 이유는 성공할 때까지 도전하지 않기 때문이다"라는 말이 있다. 그렇다면 자기 주도적인 삶에 필수요소인 '지속적인 도전'을 가능하게 하는 힘은 실패를 두려워하지 않는 의연함에서 나온다는 것을 기억할 필요가 있다.

4장

자기 주도력과
수학의 상관관계

1 스스로 공부하는 게 가능할까?

인도 뉴델리의 대학 교수 수가타 미트라(Sugata Mitra)는 인도 전역의 시골 마을에 컴퓨터를 설치하고 아이들을 관찰하는 실험을 했다. 실험 결과 영어와 컴퓨터에 대한 지식이 전혀 없던 아이들이 9개월 만에 사무실 비서와 같은 수준으로 컴퓨터를 활용할 수 있게 되었다. 두 번째 실험에서는 DNA 복제에 관한 전문 자료가 담긴 컴퓨터를 설치하고 두 달 뒤 아이들을 만나러 갔는데, 어느새 아이들이 생명공학의 기초를 터득했음을 발견했다. 이것이 가능했던 이유는 아이들의 순수한 호기심 때문이었다. 가르쳐주는 어른들이 없어도 아이들은 스스로 학습이 가능함을 실험으로 증명해낸 것이다.

미트라 교수는 여기서 한 걸음 더 나아가 아이들 사이에 아이들을 격려해주는 어른 한 명을 추가했다. 어른은 아이들이 뭔가를 알아낼 때마다 그것을 지지하고 응원해주는 역할만 했는데, 두 달 뒤 교수는 깜짝 놀라고 말았다. 이 아이들이 사립학교에서 전문 교사에게 배운 학생들보다 평가에서 높은 점수를 기록했기 때문이다. 영국, 캄보디아, 아프리카 등지로 실험을 확대한 교수는 "배움은 저절로 일어납니다. 아이들을 그냥 두세요. 스스로 알아낼 것입니다"라고 말하며 창의적 인재는 자기 조직 학습 환경(학생들이 스스로 선정한 문제를 친구들과 협조해가며 자율적으로 해결하는 학습 방식)을 통해 만들어지며, 어른이 해야 할 역할은 단지 격려해주는 일뿐이라고 강조했다

　이 실험은 우리에게 주입식 교육의 한계를 되돌아보게 하고 창의적인 교육의 방향을 제시했다는 점에서 경종을 울린다. 실제로 우리는 아이들이 가진 호기심의 강력함을 이미 알고 있다. 어른들이 제품의 사용설명서를 열심히 읽고 있을 때 아이들은 터치 몇 번으로 신제품의 기능을 몇 분 만에 익히고, 새로 출시된 게임의 규칙이 순식간에 아이들 사이에서 공유되기도 한다. 아이들의 이런 의지를 보고 있으면 부모들은 그 에너지의 반만이라도 공부에 썼으면 하는 안타까움이 들기도 할 것이다.

　그러나 실험에 참여한 인도의 아이들이나 우리 아이들의 호기심을 강력하게 불러일으키는 것들은 주로 아이들이 처음 접하는 새로운 것들이다. 아이들은 새로운 것에 민감하다. 대부분의 아이들이 공부

에 관심이 없고 게임에 관심을 쏟는 것도 공부는 새롭지 않지만 게임은 늘 새롭기 때문이다. 게임은 질릴 만하면 계속해서 새롭게 리뉴얼되고 게임회사는 고객의 눈을 사로잡기 위해 끊임없이 투자하고 공을 들이는데 반해 공부는 그야말로 고리타분하기 짝이 없다. 그러므로 아이들이 공부보다 게임에 눈을 돌리게 되는 것은 너무나 당연하다. 이를 가지고 아이의 의지력을 탓해서는 안 된다.

자기 주도 학습과 혼공의 차이

고등학교에서 교사로 근무할 당시 나는 밤 9시까지 자기 주도 학습 감독을 하곤 했다. 지금이야 희망하는 학생들만 하지만 그때는 훌륭한 담임이라면 아이들을 가능한 자기 주도 학습에 많이 참여시켜야 한다는 압박감이 있었다. 나 또한 학창 시절에 야간 자율학습을 한 경험으로 고등학생이라면 당연히 자율학습을 하는 것이 성적 향상에 많은 도움이 된다고 생각했기에 누가 시키지 않아도 학생들에게 참여를 독려하곤 했다.

그러던 중 고3 담임을 할 때였다. 우리 반 아이들 대부분이 자기 주도 학습을 하고 있었지만 그중 절반은 잠을 자거나 딴 생각을 하고 있었고, 나머지 아이들 중에서도 온전히 자기 공부를 하고 있는 아이는 몇 명 되지 않았다. 고3이나 되었으면 공부에는 이력이 날 만도 하지만 공부를 하고 있는 몇 안 되는 아이들 중에도 체계적인 공부를 하고 있는 아이는 거의 없었다. 당장 다음 날 볼 쪽지 시험만을 위해 암기를 하거나 수준에 맞지 않는 책들을 붙들고 그야말로 씨름하고 있는 아이들을 보면서 어디서부터 어떻게 도와주어야 할지 막막했다. 결론적으로 아이들은 자기 주도 학습을 하고 있지 않았다. 그냥 자기만의 혼공(혼자만의 공부)을 하고 있을 뿐이었다.

자기 주도 학습은 혼공과 구별되어야 함에도 불구하고 좀 더 그럴싸한 이름 덕에 여기저기서 남발되고 있다 자기 주두 학습의 여러 가지 방법 중 하나가 혼공일 뿐 이 둘을 똑같다고 생각하는 순간 아이를 꽉 막힌 독서실로 밀어 넣게 된다. 진정한 자기 주도 학습은 반드시 본인의 의지가 포함되어야 한다. 또한 어떤 일이 자기 주도적인지 아닌지는 대부분 그 일의 초반에 결정된다.

공부를 잘하고 싶다면 그 전에 선행되어야 할 것은 '왜 잘하고 싶은지' 이유를 생각해보는 것이다. 이렇게 말하면 자신의 장래 희망을 이루기 위해서라고 대답하는 것이 모범 답안일 것 같지만 사실 그 이유는 거창할 필요가 없다. 학창 시절에 자신의 진로를 명확히 설정할 수 있는 사람이 과연 몇이나 될까? 이것은 아이나 어른이나 부담스러운 일이다. 아이에게 어울리는 그리고 솔직한 이유를 생각해보는 것만으로도 충분하다. '멋있어 보여서' '친구들로부터 인정

받고 싶어서' '이성에게 인기를 얻고 싶어서' 등의 이유들도 충분히 공감되고 가볍게 여길 만한 이유라고 생각하지 않는다. 특히 아이들에게 이런 솔직한 마음을 꺼내놓고 말해보게 하는 것은 자신을 이해하는 데 있어서도 도움이 된다. 사람은 누구나 인정 욕구가 충만하다. 아닌 것 같아도 우리 어른들조차 무언가를 이루고 싶은 욕망의 대부분은 타인으로부터의 인정에서 비롯된다. 아이들은 좀 더 노골적으로 누군가에게 인정받고 싶어 하는데 이것은 충분히 자기 주도 학습의 동기로 활용될 수 있다.

자기 주도 학습의 핵심은 바로 강력한 동기가 있어야 하고 그러한 마음을 솔직하게 꺼내어 표현할 수 있어야 한다는 것이다. 좋은 동기는 자기 주도력의 첫걸음으로 남을 의식할 필요도 없고 멋있을 필요도 없다. 또한 좋은 동기의 기준은 오로지 '자신을 움직이게 하는 동력으로 사용할 수 있느냐 없느냐'일 뿐이다.

아이의 가슴부터 뛰게 하라

동기가 무엇이든 아이의 가슴을 뛰게 하는 것이면 더없이 훌륭하다. 공부를 잘하고 싶은 이유는 대부분 인정 욕구에서 비롯되지만 아이는 이를 동력으로 삼아 자신을 움직이게 할 것이다. 공부를 잘하기 위해서는 무엇부터 해야 하는지, 잘하는 친구는 어떻게 하고 있는지, 부모에게 어떤 도움을 요청할 것인지를 생각하게 되고 이것을 실천해보고 싶은 마음이 생긴다. 부모는 이것을 묵묵히 지켜보면서 도와주고 격려해주면 그것으로 충분하다. 이 단계에서 아이를 대신해 무언가를 해주려고 적극적으로 개입한다면 주객이 전도될 수 있다. 자기 주도력을 부모가 발휘해버리면 반대로 아이는 기회를 잃게 되는 것이다. 아이가 충분히 시도하고, 충분히 실패한 후에 스스로 개선하는 과정에서 부모가 끼어드는 것 역시 금물이다. 아이가 도움을 요청해도 최소한이 가장 좋고 조언 역시 가능한 짧아야 한다.

아이는 이런 시도를 통해 성장한다. 내가 어떤 것이 하고 싶어졌고, 그것을 이루기 위해 이런저런 노력을 했으며 결국 그것을 성공으로 이끌어내는 일련의 과정들을 겪어보지 않은 사람은 인생의 기쁨을 알기 어렵다. 이것을 경험해본 아이는 자신감이 남다르다. 또한 세상이 재밌어지고 하고 싶은 일이 생기면 가슴이 뛰기 시작한다.

청소년기에 반드시 해야 할 것이 '자아실현'이라고들 말한다. 그러나 아무리 책을 읽어봐도 이것이 구체적으로 어떤 활동을 의미하는지 잘 모르겠다. 하지만 자아가 실현된다는 것은 바로 이런 느낌이 아닐까? 나 스스로 존재감을 느낀다는 것은 내가 무언가를 성취했을 때 비로소 가질 수 있는 감정이다. 이것을 내 아이가 느낄 수 있다면 얼마나 좋겠는가.

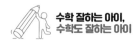

애매한 로망을 쫓기보다 현실 속 롤모델을 찾아라

아무리 솔직하고 명확한 동기를 가지고 있다고 해도 끊임없는 도전을 지속해나가다 보면 누구나 힘든 순간을 맞이하게 된다. 어떤 일이든 좋을 수만은 없고 이것저것 시도하는 것 자체가 동시에 수많은 실패의 가능성을 안고 있기 때문이다. 아무리 강력한 동기도 인간의 약한 의지력 앞에서는 힘을 잃기 쉽고, 현실적으로 재미도 없는 공부를 지속해나가는 것은 결코 쉬운 일이 아니다. 이럴 때 부모의 도움이 필요하다. 아이가 공부에 지쳐 앞으로 나갈 동력을 잃어버렸을 때 부모는 자극을 주어 아이를 일으켜 세워야 한다.

아이들은 우상에 열광한다. 그리고 세상에는 공부를 잘해서 성공한 사람들이 널리고 널렸다. 이것을 잘 활용하면 아이에게 보다 직접적인 자극을 줄 수 있다. 그러나 이러한 사례의 교훈을 아이에게 직접 가르치려고 작정한다면 아이는 부모의 속내를 금방 알아차리고 귀를 닫을 것이다. 아이들은 이미 부모로부터 공부하라는 잔소리를 너무 많이 들어왔고 뭔가를 가르치려 들면 본능적으로 거부감을 느끼기 때문에 귀담아 들을 가능성은 제로에 가깝다.

평소 아이가 관심 있어 하는 분야의 인물들에 대해 함께 대화를 나누는 것으로 시작하는 것이 좋다. 요즘은 특히 유튜버 중에 아이들의 관심을 끄는 인물들이 많다. 본보기로 삼을 만한 인물을 골라 그들에 대한 대화를 하되 초점은 그들의 과거에 맞춘다. 그들이 이렇게 성공하기까지 얼마의 시간이 걸렸고, 어떤 노력을 했고 또 어떤 실패가 있었는지 함께 탐색해보면서 대화를 나누는 것이다. 그리고 천천히 아이가 지금 처한 현실에 그들의 사례를 대입해보면서 아이가 현재 힘들어하는 부분이 성공의 한 과정임을 깨닫게 해준다.

어느 누구도 한 순간에 성공을 거머쥐지 않았고, 성공 이전에 숱한 실패가 있었음을 알고 나면 아이는 나 혼자만 힘든 것이 아님을 깨닫게 된다. 아이에게 위로가 되고 자극을 줄 수 있는 것은 죽은 사람들로 가득한 위인전 속의 인물이 아니라 동시대를 살아가며 지금 현재 자신의 목표를 이루어낸 사람이다. 아이에게는 그들의 성공이 가장 강력한 증거나 다름없기 때문이다.

아이가 공부하는 것에 회의를 느끼거나 막상 본인이 하고 싶은 일에 공부가 그다지 필요하지 않다고 생각되는 경우도 있을 것이다. 이런 경우에도 그에 걸맞은 모델을 찾으면 되는데 그들의 삶이 생각보다 쉽지 않다는 걸 알고 나면 아이는 차라리 공부를 선택하는 것이 현실적으로 더 낫겠다는 생각을 하게 될 수도 있다.

공부가 답이라는 것을 말하고 싶은 것이 아니다. 한때 많은 남학생들의 장래희망이 프로게이머이던 시절이 있었다. 아이들과 함께 유명한 프로게이머가 되기 위해서는 어떤 것들을 준비해야 하는지 조사해본 적이 있었는데 생각보다 고단한 삶에 그렇게 사느니 차라

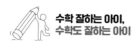

리 공부를 하는 편이 낫겠다는 결론에 이르렀다. 웃지 못할 일이지만 이를 통해 공부와 전혀 상관이 없을 것 같은 분야에서도 성공한 사람들은 모두 치열하게 공부했고, 누구보다 피나는 노력을 해왔다는 사실을 알 수 있었다. 그것이 비록 국영수가 아닐지라도 말이다.

자기 자신을 경영하는 자세

성적을 올리기 위해 공부하는 방법에는 여러 가지가 있다. 학원, 과외, 인강, 혼공 등 다양한 공부법 중에 인강이나 혼공을 선택하는 아이는 과연 자기 주도적일까?

어떤 학부모님이 한번은 이런 질문을 했다. 자신의 아이가 내 딸아이와 같은 학교에 지원하려고 하는데 그 학교 학생들은 학원을 많이 다닌다는 소문이 있다며 사실이냐고 물었다. 그래서 나는 사실이라고 말해주었다. 그렇다면 이 학교 학생들은 대부분 자기 주도력이 부족할까?

자기 주도 학습은 결코 학습 방법으로 판단할 수 없다. 공부를 잘하는 아이들 중에는 학원 등 사교육의 힘을 빌리는 아이들이 많을 수밖에 없다. 공부에 관심이 많으니 당연히 사교육에도 관심이 많은 것이다. 이것을 문제라고 할 수는 없다. 오히려 학원을 본인의 공부에 도움이 되도록 적절하게 활용할 줄 아는 사람이 학원을 다니지 않는 사람보다 더 자기 주도적일 수 있다.

진정한 자기 주도력은 자기 자신을 '경영하는 자세'로 바라볼 수 있게 한다. 내 성향을 알고, 내 한계를 알기 때문에 내가 원하는 바를 얻기 위해서는 나를 어떤 환경에 놓아야 할지 정확히 알게 되는 것이다. 집에서 혼자 공부하는 것이 지겨워지면 환경을 바꿔 독서실에 갈 수 있고, 학원에 다니다가도 비효율적이라고 생각되면 과감하게 그만둘 수 있는 결단은 자기 자신을 잘 알기 때문에 가능한 것이다. 자기 자신에 대해 확신이 없는 사람은 집에서는 독서실에 갈 걸 그랬다며 후회하고, 독서실에 가서는 집중이 잘 안 된다며 후회를 한다. 또 막연하게 학원만 다니면 성적이 오르겠지 생각하다가 예상이 빗나가면 다른 학원을 알아보느라 바쁘다. 이래저래 돈과 시간만 낭비하게 되는 것이다.

결국 자기 주도 학습은 마지막까지 내가 주인이 되어야 한다. 성적이 좋은 학생들에게 본인이 하고 있는 공부법에 만족하느냐고 물어보면 백 퍼센트 만족한다고 대답하는 경우는 결코 없었다. 하지만 그 공부법을 선택한 이유, 즉 그 공부법의 어떤 이점이 자신에게 어떻게 도움이 되는지를 명확히 말할 수 있을 정도로 자기 자신을 경영하는 자세로 자신에게 맞는 최선의 공부법을 찾아 시간을 할애하고 있었다.

2 노력은 양보다 질이다

성실하게 열심히 공부하는 데도 성적이 신통치 않은 아이들이 있다. 수업 시간에 졸지 않기 위해 노력하고 학원 숙제도 열심히 하며 하루에 적지 않은 시간을 공부에 쏟는 데도 왜 성적이 오르지 않는지 답답해하곤 한다. 사람마다 개인차가 있고 원래 성적이 오르는 방식은 계단식임을 고려하면 시간이 해결해주는 경우도 많지만 계속해서 같은 자리를 맴돈다면 개선이 필요하다.

또한 평소에 번뜩이는 아이디어로 문제를 기발하게 풀어내어 천재가 아닐까 의심하게 만들지만 성적은 이에 못 미치는 경우도 있다. 이런 아이들은 교사와 친구들로부터 찬사를 받지만 막상 성적표에 표시되는 숫자는 아이의 능력을 다 보여주지 못해 안타깝다.

첫 번째 부류의 아이들과 대화를 나눠보면 노력을 시간의 양으로 생각하는 경우가 많다. 그러나 노력에 대한 성과는 양보다는 질에 달려 있다. 하루에 세 시간을 공부해도 아는 문제만 수백 개를 풀었다면 기분만 좋을 뿐 발전이 없다. 성적을 올리고 싶다면 공부에 앞서 성적이 잘 나오기 위한 메커니즘을 이해하고 자신에게 알맞은 전략을 수립하는 것이 훨씬 효율적이다.

두 번째 부류의 아이들은 대체로 공부 자체에 대한 흥미도는 매우 높지만 자기 관리 능력이 부족한 경우가 많다. 공부를 잘하는 것과 시험 점수가 잘 나오는 것은 별개임을 인지하고 자신의 능력은 어떻게 시험 점수로 잘 연결시킬 수 있을지 고심하는 시간이 필요하다.

두 가지 부류의 아이들 모두 노력에 대한 관점을 바꿀 필요가 있다. 단순히 공부를 열심히 하면 성적이 오를 거라고 막연하게 생각하는 것으로는 상황을 개선시킬 수 없다. 모호한 노력보다는 명확하게 정의된 노력을 정확히 어디에 쏟아부어야 하는지 아는 것이 자기 주도 학습의 시작임을 인지해야 한다.

좋아한다고 다 잘하는 것은 아니다

딸아이는 새로운 언어를 익히고 배우는 것을 좋아한다. 중학교 시

절에 일본어를 처음 배웠을 때도 즐겁게 공부했고 자연스럽게 고등학교에 올라가서도 제2외국어를 일본어로 결정하게 되었다. 그러나 내심 일본어에 자신 있다고 생각했던 아이는 첫 시험을 보고 패닉에 빠지고 말았다. 중학교 수준의 일본어로는 어림도 없는 친구들의 높은 일본어 실력에 본인은 일본어 배우는 것을 좋아할 뿐 잘하는 것은 아니라는 사실을 깨닫게 된 것이다. 그러나 첫 시험의 실패로 아이는 부족한 부분을 보완할 방법을 찾아 다음 시험을 준비하기 시작했다. 다행히 성적은 향상되었지만 동시에 아이는 스스로의 한계를 알게 된 것 같았다. 본인의 노력을 어디에 집중해서 쏟아야 할지 확신이 선 듯 보였다.

고등학생 정도가 되면 좋아하는 것과 잘하는 것이 구분되기 시작한다. 중학생 때까지는 좋아하는 마음만으로도 어느 정도의 성취가 가능하지만 고등학생 때부터는 대체로 모두 열심히 노력하는 상황에서 타고난 재능이 결정적인 영향을 미치는 경우가 많기 때문인 듯하다. 좋아하는 일을 직업으로 삼으면 행복한 삶을 살 수 있다고 하지만 많은 사람들이 이 둘을 일치시키지 못해 오늘도 마지못해 직장에 나간다.

이럴 때의 해결책으로 '본인이 잘하는 것은 직업으로 삼고, 좋아하는 것은 취미로 삼으라'는 말이 있다. 이것을 학습에도 적용할 수 있는데 잘하는 과목은 자신의 주력 과목으로 삼고, 좋아하는 과목은 서브 과목으로 삼는 것이다. 다시 말해 본인이 잘하는 과목을 최고 수준으로 만들어 자신의 핵심 과목으로 삼고, 좋아하는 과목은 자신의 진로에 방해가 되지 않을 정도의 수준으로 만드는 것을 목표로 하는 것이다.

사람들은 누구나 좋아하는 일을 하면서 돈을 벌고 싶어 하지만 현실적으로 모두가 이런 능력을 갖고 있는 것은 아니다. 물론 장기적으로 우리는 이 둘을 일치시키기 위해 노력해야 한다. 하지만 학습에 있어서는 좋아한다는 이유로 잘하지도 못하는 것에 시간과 노력을 집중한다면 너무나 큰 기회비용을 치러야 할 수도 있다.

주력 과목에 집중하라

그렇다면 주력 과목은 어떻게 정해야 할까? 당연히 주요 과목을 모두 아우르면 좋겠지만 언제가 됐든 결국 한두 과목으로 좁혀야 할 때가 오고, 그 힌트는 이미 자신의 성적표에 나와 있다. 가끔 상담을 하다 보면 본인이 어떤 것에 소질이 있는지 잘 모르겠다며 답답함을 호소할 때가 있다. 그럴 때 나는 성적표를 보라고 말해준다. 본인이 열심히 노력했는데도 성적이 좋지 않으면 소질이 없는 것이고, 생각보다 점수가 잘 나오는 과목이라면 소질이 있다고 봐도 무방하

다. 단순화해서 말했지만 한두 번이 아니라 여러 번 그러한 상황이 반복된다면 거의 확실하다고 볼 수 있다.

이러한 과정을 거쳐 소질이 있다고 판단되는 과목이 본인의 주력 과목이다. 수학을 잘하고 싶어서 열심히 노력하지만 점수가 시원치 않고 반대로 영어는 크게 신경 쓰지 않아도 점수가 잘 나온다면 영어가 나의 주력 과목인 것이다. 이때부터 수학 성적을 올리고자 쏟는 노력의 일부를 오히려 영어 공부에 분배하여 영어 성적을 최상급으로 만드는 것이 좋다. 영어에 소질이 있기 때문에 수학 성적을 올리는 것보다 영어 성적을 더 끌어올리는 것이 보다 쉬울 것이다. 그러면 이 학생은 영어를 특별히 잘하는 학생이 될 것이고, 이것은 아이를 특별하게 만든다.

국영수를 골고루 잘하면 좋겠지만 세 과목을 다 잡으려다가는 모두 놓치기 쉽다. 차라리 본인이 잘할 수 있는 한두 과목에 집중해 최상의 실력을 만드는 것이 성공적인 학습을 위한 좋은 전략이 될 수 있고 진로를 정할 때도 망설임이 없게 된다. 다시 한 번 말하지만 성공하는 사람들은 모든 것을 다 잘하는 사람이 아니다.

여러 과목을 두루 잘하는 것보다 한두 과목을 탁월하게 잘하는 것의 장점은 이것 말고도 한 가지가 더 있다. 어떤 과목에서 최고를 찍어본 아이는 곧 다른 과목에도 욕심이 생기기 때문이다. 성적을 올리는 것이 쉬운 일은 아니지만 만약 그것을 해내기만 한다면 엄청난 자신감이 생긴다. 한 과목을 성공시켜본 자신감은 다른 과목으로 확장되고, 쉽게 포기하지 않는 강한 동력으로 작용한다.

성적이 지속적으로 꾸준히 상승할 때 전 과목 성적이 동시에 오르는 경우는 아직까지 보지 못했다. 대부분 시작은 한두 과목일 경우가 많고 그것에 재미를 붙였을 때 그 재미가 다른 과목으로 확산되어 전반적으로 성적이 향상되는 양상을 보였다. 따라서 자신에게 보다 쉬운 과목으로 성공 경험을 먼저 해본 사람은 다른 과목도 성공으로 이끌 가능성이 높다.

아킬레스 과목 관리하기

성공하는 사람은 단점에 집중하기보다는 장점을 극대화하는 전략을 선택한다. 그러나 우리나라의 입시 현실을 고려했을 때 단점을 아예 무시할 수는 없다. 자신의 주력 과목이 정해졌다면 이제는 아킬레스 과목을 관리할 차례다.

딸아이가 일본어 첫 시험에서 쓴 맛을 보고난 후 나는 아이에게 원인을 분석해보라고 조언했다. 주요 과목이 아닌 제2외국어 과목은 대입에서 절대적인 영향력은 없지만 특별히 낮은 점수는 감점 요인으로 작용하기 때문이다. 아이는 여러 가지 원인을 찾아냈지만

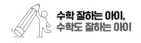

당장 해결이 가능한 것은 별로 없었다. 가장 큰 장애물은 상대적으로 높은 다른 아이들의 일본어 실력이었지만 이것을 바꿀 수는 없는 노릇이었다. 바꿀 수 없는 것에 관심을 기울이는 것은 아무 의미가 없으므로 아이는 결국 본인이 무엇을 했을 때 성적이 향상될 것인지를 생각해보고 그것에만 집중하기로 했다.

아이는 단어를 외우는 것이 가장 효과가 좋을 것 같다며 그날부터 일본어 단어장을 만들어 틈틈이 외우고 거의 매일 조금씩이지만 일본어 공부를 하고 잠자리에 들었다. 잊지 않기 위해서는 자주 반복하는 것이 좋겠다는 생각에서 시작한 일이었다. 두 번째 일본어 시험에서 20점이나 상승하면서 아이는 자신감을 얻었지만 정작 등급에는 변화가 없었고, 아이는 일본어가 바로 자신의 아킬레스 과목임을 인지했다.

2학기에 들어서는 전략을 바꿨다. 일본어에 너무 많은 시간을 할애하는 것은 바람직하지 않다고 생각해 수업 시간을 최대한 활용하기로 한 것이다. 특히 다른 친구들은 꺼려하는 원어민 교사의 수업을 집중 공략하기로 마음먹고 더 적극적으로 질문하고 수업 시간 안에 모든 것을 해결하려고 노력했다. 목표를 낮춰 잡는 대신 따로 공부하는 시간을 할애하지 않아 다른 과목에 좀 더 신경을 쓸 수 있었다. 결과적으로 1학기보다 일본어 성적을 한 등급을 올릴 수 있었고 시간을 번 덕분에 주력 과목도 등급이 상승하는 효과가 있었다.

이처럼 아킬레스 과목은 시간과 노력의 안배를 통해 적절하게 관리를 해주는 것이 필요하다. 한정된 시간과 집중력을 최대한 주력 과목에 쏟는 것이 중요하지만 아킬레스 과목이 내 발목을 잡도록 그냥 두어서도 결코 안 되기 때문이다.

지시가 아닌 질문하는 부모 되기

지금까지 설명한 자기 주도 학습법을 아이 스스로 생각해내기란 불가능에 가깝다. 대부분 내가 교단에서의 오랜 경험과 통찰을 통해 터득한 방법이기 때문에 세상 경험이 부족한 아이들의 사고로는 본질을 꿰뚫어 보기가 어려울 것이다.

그러므로 이 모든 것은 나와 눈높이가 맞는 부모들이 알고 있어야 하는 내용이다. 우리는 이런 것들을 머릿속에 잘 넣어두었다가 수시로 확인하며 아이가 힘들어하거나 도움을 요청할 때 바로 잡거나 이야기해줄 수 있어야 한다. 그것이 바로 준비된 부모일 것이다. 자기 주도 학습에서 부모는 뭔가를 지시하고 이끌어가는 것이 아니라 전체를 조망하고 큰 틀을 유지해 가면서 아이 스스로 부딪혀가며 터득한 것들에 대해 지지해주는 역할을 하면 된다. 겉으로 드러나는 역할은 작아 보여도 정확한 타이밍을 알아채고 적절한 조언을

건네는 것은 많은 준비가 필요한 일이다.

아이의 성적이 향상되길 바란다면 부모가 체크해야 할 것은 학습 시간이 아니다. 성적은 시간을 많이 투자한다고 해서 반드시 잘 나오는 것이 아니기 때문이다. 무엇보다 강력한 동기가 최고의 무기가 될 것이고 그것이 갖춰지고 나면 그때부터 효율성을 따져야 한다. 그러나 동기를 찾는 것도 효율성을 따지는 것도 부모가 대신 해줄 수는 없다. 아이가 이것들을 스스로 잘 해낼 수 있도록 현명한 파트너가 되어주는 것이 가장 바람직한 부모의 역할이다.

아이가 무언가를 목표로 삼아 달리기 시작한다면 부모는 일단 감사해야 한다. 그리고 이 새로운 프로젝트에 기꺼이 동참해 아이가 주도적으로 이것을 완성할 수 있도록 응원해야 한다. 아이에게는 훈계하고 잘난 척하는 지도자가 아닌 자신과 같은 방향에서 함께 고민해줄 파트너가 필요하다.

현명한 파트너는 아이를 가르치려고만 하지 않는다. 아이보다 경험이 많다는 것을 활용해 프로젝트를 성공적으로 이끄는 데 보탬이 되는 적절한 질문을 아이에게 할 뿐이다. 예를 들면 성적이 오르지 않는 이유를 아이에게 찾아내라고 윽박지르는 것이 아니라 이런저런 질문을 통해 아이도 몰랐던 원인을 함께 찾는 것이다. 좋은 질문은 아이가 핵심을 놓치고 있을 때도 힘을 발휘한다. 어떤 과목을 잘하고 싶다면 그것을 잘하기 위해 가장 필요한 것이 무엇인지를 탐구해 알아내는 것이 핵심이다. 노력의 본질은 양이 아니라 방향이기 때문이다. 따라서 노력을 얼마나 많이 했느냐보다는 정확한 방향으로 했는지가 더 중요하다.

아이에게 아무런 동기부여도 되지 않는 상황에서 그냥 열심히 공부하라고 말하는 것은 결코 자기 주도 학습의 본질에 다가갈 수 없는 무책임한 말이다. 책상 앞에 붙어 앉아 문제집을 쌓아놓고 하는 공부는 옛날 방식이다. 지금은 수행평가 비중이 훨씬 높은 과목도 많고 그 기준도 점차 까다로워지고 있다. 그러나 지필평가보다 변별력이 작은 수행평가에 온 힘을 다하는 것도 바람직하지는 않다.

중요한 것은 아이가 스스로 목표를 세우고 그것을 향해 이러한 것들을 전반적으로 면밀히 살펴 전략을 세울 수 있는 능력이 있는가이다. 당장의 시험 점수를 잘 받기 위해 스스로 전략을 세워본 아이는 점차 큰 프로젝트를 완성할 수 있게 된다. 아이에게 전체를 바라보는 눈을 키워주기 위해 부모가 해야 할 것은 지시가 아니라 좋은 질문을 던지는 것이다. 또한 어떤 일이든 최종 결정은 아이의 입에서 나와야 한다는 사실을 잊지 말기 바란다.

3 성공도 실패도 내 선택이다

"도전해보지 않는다면 자신이 얼마나 대단한 인물인지 어떻게 알 수 있겠는가!" 영국의 시인이자 평론가인 토마스 엘리엇(Thomas Eliot)은 말했다. 자기 주도력을 가지고 있는 사람은 필연적으로 많은 도전을 필요로 한다. 새로운 시도를 통해서만이 자신이 가진 힘과 한계를 깨닫고 자기 자신에 대해 더욱 면밀히 파악할 수 있기 때문이다.

그러나 한편으로 도전하는 사람은 실패의 두려움을 안고 살아야 한다. 그래서 많은 사람들이 도전하기를 주저하는 것도 사실이다. 인간은 긍정적인 감정보다 부정적인 감정에 더 민감하다고 한다. 도전을 해서 성공할 수 있을 거라는 믿음보다 도전에 실패한 뒤의 상처에 대한 두려움이 더 크게 느껴지는 것이다.

　나 역시 성인이 된 후 새로운 것에 도전하지 않고 안전을 최우선으로 하는 삶을 20년 가까이 지속해왔다. 물론 안정감은 삶의 기본 토대를 마련해주기 때문에 이 또한 매우 중요한 요소임에 틀림없다. 그러나 나는 인생에서 무언가 중요한 것을 빠뜨린 기분이었다.

　한때 나는 현재에 만족하며 사는 삶이 가장 현실적인 해결책이라고 믿었지만 그것은 내 인생을 너무 의미 없게 만드는 일이었다. 가보지 못한 길에 대한 미련과 함께 이미 늦어버렸다는 느낌은 나를 자꾸 우울하게 만들었고, 이런 식으로 살다가는 언젠가 죽음을 맞이하는 순간에 반드시 후회를 할 것만 같았다. 인생이 또 한 번 주어진다면 좀 더 신나게 살아보고 싶었다. 그러나 인생은 누구에게나 한 번이고 되돌릴 수도 없다. 그렇다면 지금부터라도 원하는 대로 사는 것이 최선이라는 결론에 이르렀다.

　그 후 나는 많은 도전을 시작했다. 망설임과 두려움은 현재도 내 발목을 끈질기게 붙잡고 있지만 이것은 그저 과거에 학습된 편견일 뿐이라고 내 자신을 설득했다. 물론 여러 도전과 시도들이 모두 성공한 것은 아니다. 그러나 나는 왜 많은 철학자와 자기계발 전문가들이 실패를 두려워하지 말라고 했는지 알 것 같았다. 도전 자체가 삶을 즐겁게 만들어주었기 때문에 실패의 상처는 생각보다 아프지 않았다. 또한 상처라고 할 수도 없는 것이 실패는 개선을 불러와 내

삶을 더 나은 방향으로 이끌었다. 도전에 재미를 붙이니 실패해도 주저앉지 않았다. 실패를 통해 부족한 점을 개선하고 꾸준히 지속해 나가니 실패는 성공이란 이름으로 바뀌기도 했다. 도전의 결과를 실패로 남길 것인지 아니면 개선을 통해 또 다른 성공의 발판으로 삼을 것인지는 오로지 내 자신에게 달려 있었다. 성공도 실패도 결국은 내 선택이라는 것을 깨달았다.

실패를 극복하는 첫 단계, 자기 성찰

자기 주도 학습의 첫 번째 단계이자 가장 중요한 것은 '자기 성찰'이다. 자기 주도 학습은 말 그대로 본인이 원해야 시작할 수 있기 때문인데 그렇다면 자기 주도 학습의 최대의 적은 '자기 자신을 성찰하지 않는 것'이라고 할 수 있다. 자신을 성찰하지 않으면 어떤 일이 일어날까? 그냥 하던 대로 하면서 살게 된다. 아무 비판 없이 남들이 하라는 대로, 어제 했던 대로, 부모님이 시키는 대로 살게 되는 것이다. 아인슈타인은 '어제와 똑같이 살면서 다른 미래를 기대하는 것은 정신병 초기 증세'라고 말했다.

어제와 똑같이 살면서 성적이 향상되길 바라는 것 역시 말이 안 된다. 그러므로 성적을 올리고 싶다면 변화가 필요하다. 현실에 안

주해서는 아무런 변화도 일어나지 않는다. 성적이 생각만큼 잘 나오지 않는다면 지금까지 해온 공부법에 개선이 필요하다는 신호다. 자신의 공부법을 차근차근 분석해보고 수정하거나 다른 방법을 시도해봐야 하는 것이다. 시험이 끝나거나, 학기가 종료되거나, 학년이 종료되는 시점마다 꾸준히 자신의 공부법을 개선할 수 있는 방법에 대해 고민하고 실행에 옮기는 과정이 필요하다. 모든 시도가 성공하는 것은 아니지만 이것을 반복하다 보면 본인에게 가장 적합한 공부법을 찾게 된다.

남들이 손에 쥐어주는 도구가 처음부터 내 손에 정확히 맞을 수는 없다. 이것을 갈고 닦아 내 맘에 쏙 드는 도구로 환골탈태시켜야 비로소 내 도구가 되는 것이다. 이러한 내 도구는 앞으로의 학습에 있어 시간을 내 편으로 만들어줄 것이다. 모든 일이 그렇듯 시간을 내 편으로 만들 수 있으면 성공에 쉽게 다가갈 수 있다.

실패에 둔해지는 연습이 필요하다

앞서 언급했던 앤절라 더크워스의 《그릿》에는 다음과 같은 흥미로운 실험에 관한 이야기가 실려 있다. "청소년기에 전기 충격을 통제할 수 있었던 쥐들은 모험심이 더 강한 쥐로 성장했다. 더욱 놀라운 점은

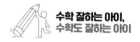

수학 잘하는 아이,
수학도 잘하는 아이

성체기에 와서는 마치 학습된 무력감에 대비한 예방주사라도 맞은 듯한 모습을 보였다는 것이다. 그렇다, 회복력이 강한 이 쥐들은 성체기에 통제할 수 없는 전기 충격을 받아도 무력하게 있지 않았다. 다시 말해 어린 쥐에게 닥친 '죽지 않을 만큼의 시련'은 스스로의 노력으로 상황을 통제할 수 있었을 때 그들을 강인한 어른 쥐로 성장시켰다."

저자는 이 실험이 통제할 수 없는 정신적 충격은 심신을 약화시킬 수 있다는 사실을 보여준다면서도 이에 굴하지 않은 모험적인 쥐들에 대해 더 깊은 관심을 보인다. 실험을 진행한 스티브 마이어의 입을 빌리자면 청소년기에 매우 어려운 역경을 스스로 극복한 경험이 있으면 역경에 대처하는 방식이 좀 다른 식으로 발달하게 된다는 것이다. 특히 사소한 불편과 같은 단순한 역경이 아닌 매우 어려운 역경을 겪고 그것을 극복하는 경험을 할 때 뇌 영역들 간에 신경회로가 형성된다고 보았다.

이 실험으로 "실패는 성공의 어머니"라는 다소 진부한 격언이 사실임을 확인할 수 있다. 뇌 과학적으로도 청소년기에 겪는 역경은 뇌를 튼튼하게 만드는 것이다. 물론 역경을 극복하는 것이 쉽지는 않다. 따라서 그렇기 때문에 우리는 아이들에게 실패를 더 많이 허용할 필요가 있다. 보다 정확히는 아이들에게 실패를 대수롭지 않게 여기는 태도와 마음가짐을 심어주어야 한다. 역경에 굴하지 않을 수 있는 힘은 실패를 두려워하지 않는 데서 시작되고 이것은 실패를 많이 경험해볼수록 유리하다. 실패에 둔감해질 필요가 있는 것이다.

학습에 있어서 실패의 감정은 백해무익하다. 실패를 자신이 해왔던 공부법을 수정하고 보완하는 재료로 활용하는 것은 반드시 해야 할 일이지만 실패로 인한 의기소침함은 다음 단계로 나아가는 데 방해만 될 뿐이다. 부정적인 감정에 매몰되지 않고 실패를 전략적이고 주도적으로 이용할 줄 아는 사람은 다음 도전에서 성공할 확률이 높아질 수밖에 없다.

아는 문제를 실수로 틀렸을 때

아이들이 학습에 있어서 실패를 가장 많이 실감하는 날은 바로 시험 날일 것이다. 시험은 늘 부족한 나를 확인하게 하고, 내 능력이 숫자로 정의되는 잔인한 게임이다.

딸아이가 시험 마지막 날 집에 돌아와 대성통곡을 했다. 이번 시험에서 수학을 잘 보고 싶어 더욱 열심히 공부하고 예감도 좋았는데 아는 문제를 실수로 틀리는 바람에 지난 시험 성적과 다름없는 결과를 얻었기 때문이다.

고등학생이나 된 아이가 성적 때문에 눈물을 흘리고 있는 모습을 보니 나도 참 마음이 아팠다. 아이는 몰라서 틀린 것이 아니라 당연

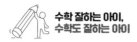

히 맞은 줄 알았던 문제에서 실수가 있었다는 걸 인정하기가 고통스러웠을 것이다. 시험 결과를 확인하면서 실수로 아는 걸 틀렸을 때가 가장 아쉽고 자기 자신이 미워지는 법이다. 이럴 때는 일단 좀 울게 놔두는 편이 낫다. 아이와 대화를 나누고자 할 때도 아이의 감정이 좀 가라앉길 기다렸다가 하는 것이 좋다.

감정이 식고 나면 실패를 성공의 밑거름으로 만드는 피드백을 시작해야 한다. 이미 시험은 끝났고 결과는 달라지지 않는다. 우리가 할 수 있는 건 이런 비극이 생긴 이유를 알아내고 개선하는 일뿐이다. 부모는 아이의 실수를 비난하지 말고 어쩌다 이런 실수를 하게 되었는지 생각해볼 수 있는 시간을 주어야 한다. 가장 좋은 방법은 문제를 풀던 그 순간을 다시 떠올려 보는 것이다. 아이는 시험 중에 그 문제를 봤을 때 쉬운 문제이니 빨리 풀어 시간을 단축해야겠다는 성급한 마음이 들었다고 했다. 그래서 사소한 것을 놓쳤고 그것이 곧 실수로 연결되었다고 했다.

이럴 때 아이들은 문제를 틀렸다는 슬픔에 집중하기 때문에 더 중요한 걸 놓치기 쉽다. 이때 부모가 중심을 잡을 수 있도록 조금만 도와주면 아이는 틀린 원인을 파악할 수 있는 기회를 얻을 수 있다. 가뜩이나 속상한 아이를 나무라는 일은 절대로 해서는 안 된다. 지금 세상에서 제일 억울한 사람은 바로 당사자인 아이이므로 부모가 비난하는 것은 도움이 되기는커녕 다음 시험까지 망치게 하는 지름길이다.

시험에서 어려운 문제는 맞췄지만 쉬운 문제를 틀렸다면 누구나 아쉬울 수밖에 없다. 하지만 나는 아이에게 반대로 생각해보자고 말했다. 그동안 열심히 공부해서 어려운 문제를 풀 수 있을 정도로 실력이 향상된 것은 맞지 않느냐고, 그럼 이제 너는 실수만 줄이면 되는 거 아니냐고 물었다. 실력을 늘리는 것이 실수를 줄이는 것보다 더 어려운 일인데 너는 그걸 해냈으니 실망할 필요가 없다고 위로해주었더니 비로소 아이는 눈물을 닦기 시작했다. 비록 점수는 향상되지 않았지만 실력은 좋아졌음이 틀림없고 다음 시험에서는 실수만 하지 않으면 된다는 희망이 생긴 것이다. 공부를 하는 데 있어서 가장 큰 적은 열등감이므로 부모는 아이를 다시 자신감으로 무장시켜주어야 한다.

　그다음 단계는 걱정하지 않아도 아이가 알아서 길을 찾는다. 틀린 문제를 탐구해 원인을 알아냈고 자신감도 손상되지 않았다면 그다음은 스스로 개선하고 싶어지는 것이 자연스러운 과정이기 때문이다. 물론 개인차가 있긴 하지만 이 과정을 거치고 나면 자신의 약점을 알게 되고 이것만으로도 효과적인 학습이라고 할 수 있다. 나를 알고 적을 알아야 하는 싸움에서 최소한 반은 해결했으니 말이다. 다음 시험을 준비할 때 어떤 대비책을 찾았는지 부모는 넌지시 물어보기만 하면 된다. 자신의 문제를 해결하고 극복하는 데 있어 아이들은 어른들보다 현명한 경우가 제법 많다.

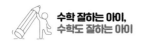

사교육과 자기 주도 학습

공교육에 몸담고 있던 나도 아이에게 사교육을 시켰다. 이러한 현실이 우습긴 하지만 우리나라에서 사교육은 영원히 없어지지 않을 것같다. '사교육을 왜 시키는가'에 대한 답의 본질을 생각하면 쉽게 이해가 될 것이다. 사교육은 결국 내 자식이 남의 자식보다 앞서거나 잘해야 한다는 욕구에서 비롯된 것이기 때문이다. 남들과의 비교가 없다면 애초부터 사교육은 생겨나지도 않았을 것이다. 물론 경쟁이 개인의 역량을 발전시키는 데 촉매제 역할을 톡톡히 하는 것은 사실이지만 쓸모없는 소모적인 경쟁을 위한 사교육은 가정 경제를 위해서도 바람직하지 않다.

그러나 앞서 말했듯이 모든 사교육이 자기 주도 학습을 방해하는 것은 아니다. 오히려 자기 주도적인 학생은 사교육을 적절히 활용해 자신을 발전시키는 도구로 삼는다. 성적을 올리는 것은 노력의 양보다는 질의 문제이므로 같은 시간을 투자해 더 좋은 성과를 낼 수 있다면 주도적으로 사교육을 활용하는 것도 나쁘지 않고 생각한다.

공부도 특기다

건너들은 어느 의사의 이야기가 생각난다. 오랜 기간 의사가 되기 위해 공부를 하는 동안 그의 아버지는 가지고 있던 땅을 팔아 교육비를 마련해주었다. 덕분에 무사히 공부를 마치고 의사가 되어 별 어려움 없이 살고 있었는데, 하루는 동창회에 나가 같은 동네에 살던 어릴 적 친구를 만났다고 한다. 친구는 공부를 그다지 잘하지는 못해서 그저 그런 대학에 들어간 것까지는 알고 있었는데 그 후 친구의 아버지가 가지고 있던 땅의 값어치가 크게 올라 웬만한 의사는 저리가라 할 정도로 부자가 되었다고 한다. 같은 동네 친구라 비슷한 위치의 땅을 갖고 있었는데 한 명은 그 땅을 의사 자격증과 맞바꿨고, 한 명은 아무것도 하지 않고 부자가 되었다는 이야기였다. 이 이야기를 듣고 나는 두 아버지의 입장이 어떨지 궁금했다.

만약 내 아이가 공부도 잘하고 욕심도 있어서 자신을 뒷바라지해

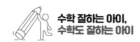

달라고 하면 나도 의사 아버지처럼 해줄 수밖에 없었을 것이다. 땅값이 오를 것을 뻔히 알고도 자식이 뭔가를 해보겠다고 하면 팔아서 뒷바라지를 해주는 것이 부모다. 그러나 아이가 공부에 딱히 소질이 없는 데도 어떻게든 성적을 올려보고자 돈을 쓰는 것은 냉정하게 한번 생각해봐야 할 문제다.

공부도 적성이다. 지금까지 많은 아이들을 가르쳐본 경험으로 나는 공부하는 능력 또한 특기라고 생각한다. 두뇌가 우수할수록 공부를 잘할 확률이 높은 것은 사실이지만 그렇다고 머리 좋은 아이들이 모두 성적이 높은 것은 아니다. 모든 일이 그렇듯 공부도 목표가 있고 그것에 노력을 집중하는 아이들이 성공한다. 그러나 이 집중력을 다른 곳에 쓰는 아이들도 많다. 공부에 관심과 흥미가 없을 뿐 아이들은 모두 각자 다른 능력을 갖고 있지만 우리 사회는 학교 성적을 가장 우선으로 치기 때문에 공부를 못하는 아이들이 열등하게 취급되곤 한다. 안타까운 일이다.

성적을 제외하고는 능력을 평가할 수 있는 도구가 마땅치 않다는 이유로 현재 우리 아이들은 부당하게 대우받고 있다. 그리고 이 과정에서 공부를 제외한 아이들의 관심사를 억제하고 조금이라도 성적을 올리기 위해 막대한 지출을 감행하는 부모 또한 괴롭다. 이런 현실을 당장 바꾸면 좋겠지만 하루아침에 변화를 기대하기란 불가능하고 그것을 기다리다가는 아이의 학창 시절은 끝나버린다. 결국 현재 주어진 상황에서 아이를 어떻게 키울 것인가 하는 문제의 답은 각자 내려야 할 것이다.

과거와 달리 요즘은 공부가 아닌 다른 방법으로 성공한 사람들이 많지만 그것이 우리 아이의 일이라면 마냥 부럽지만은 않을 것이다. 그 길 또한 공부 못지않게 힘든 길이라는 것을 잘 알기 때문이다. 결국 우리는 많은 사람들이 선택한 방향으로 걷기 쉽다. 무리에 섞여 있으면 불안함이 덜한 탓이다. 대다수 사람들이 선택하는 길이 전부 옳은 것이 아님을 알고 있지만 달리 뾰족한 수가 떠오르지 않아 분위기에 휩쓸려 걷고 있지는 않은가? 한 번쯤은 시간을 들여 생각해 보아야 한다. 나와 아이가 걷고 있는 이 길이 과연 맞는 길인지.

교육을 돈으로 해결하면 안 되는 이유

몇 년 전부터 재테크에 관심이 조금 생겼다. 그동안 자본주의 사회에 살면서도 돈과는 담을 쌓고 살다가 나를 탐구하던 중에 사실은 내가 돈을 중요하게 생각하고 있음을 알게 되었다. 그것을 인정하고 나서부터 한동안 나는 내 자기 주도력을 그곳에 쏟았다. 그동안 교사는 돈에 관심을 가지면 안 된다는 고리타분한 의식에 사로잡혀 사회의 구성원인 근로자로 살고 있으면서도 사회가 어떻게 돌아가

는지 잘 모르고 살았다. 뒤늦은 후회와 함께 재테크에 대해 맹렬히 공부했고 또 다른 세상이 있음을 알게 되었다. 그곳에서 성공한 사람들은 역시 나 같은 일반인과는 다른 사고방식을 갖고 있었다. 그것은 자식 교육에 있어서도 마찬가지였다.

하루는 부동산 경매로 성공한 어떤 강사를 만나러 갔다가 자식 교육에 대한 견해를 들었다. 이 분의 원칙은 '공부가 될 놈은 시키고 안 될 놈은 좋아하는 것을 찾게 하자'였다. 안 될 놈에게 학원비를 쏟아부어봤자 본인이 원하지 않으면 전혀 효과가 없다는 경험담을 얘기하며 대신 크게 성공하는 아이는 후자 쪽에서 나온다고 했다. 나도 요즘 시대에는 공부를 잘해봤자 결국은 공시족(공무원 시험을 준비하는 사람)이 되는 것이 수순이고, 공부를 못해서 실패하는 것이 아니라 좋아하는 일을 찾지 못해서 실패한다고 생각하기 때문에 이 강사의 말이 귀에 쏙 들어왔다.

그는 아이가 공부를 잘한다면 계속 지원해줘도 괜찮겠지만 공부를 싫어하는 아이에게는 그 교육비를 모아두었다가 진짜로 하고 싶은 일이 생겼을 때 지원해주는 것이 자신의 철학이라고 했다. 현실적으로 나쁘지 않은 방법이었다. 자녀 교육을 투자자의 마인드로 바라보는 것이 냉정하게 느껴질 수도 있겠지만 나는 이것이 이성을 작동하게 만드는 방법이라고 생각한다. 부모는 자신의 아이를 이성적으로 바라보기가 쉽지 않기 때문이다.

우리나라에서 한 아이를 대학 교육까지 시키는 데는 최소 3억 정도가 든다고 한다. 거기에 아이의 결혼 자금까지 생각하면 이보다 훨씬 많은 돈을 써야 할지 모른다. 그런데 이렇게 키워도 자식이 부모를 봉양해야 한다고 생각하는 비율은 현재 30퍼센트 정도에 불과하다. 우리조차 부모를 부양하는 것은 부담스러운 일인데 우리의 아이들은 어떨까? 자식에게 너무 많은 돈을 써버려서 정작 자신들의 노후 대비를 못하는 상황을 고마워할 자식은 없다.

물론 자식에게 투자한 만큼 돌려받고자 자식 공부를 시키는 것은 아니지만 늙으면 오히려 마음이 여려진다고 한다. 자식에게 열심히 공을 들였지만 자식들이 몰라준다면 상처받을 것이 뻔하다. 우리나라의 노인 빈곤율이 세계 최고라는 사실은 우리나라의 부모들이 유독 자식을 사랑하는 방식으로 돈을 택하고 있는 건 아닌지 의심하게 한다.

학원은 자기 주도 학습의 적일까?

유독 혼자서 공부하는 것을 좋아하는 아이들이 있다. 보통 자기 관리 능력이 뛰어나고 두뇌도 명석해 학원에 가도 배울 것이 별로 없는 경우에 그렇다. 중학교에 입학하여 3년간 나와 함께 수학 공부를

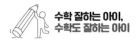

한 제자가 있다. 그야말로 자기 주도 학습을 잘하는 아이인데 학원 도움 없이 인강 등을 활용하며 혼자서 공부를 잘 해나갔다.

이 아이는 공부 잘하는 아이들이 많기로 소문난 고등학교에 합격한 이후에도 고등 수학을 혼자 힘으로 공부해나가기 시작했다. 하지만 고등 수학은 중등 수학과는 많이 다르다. 내용이 어렵기도 하지만 풀어봐야 하는 문제의 양 자체가 폭발적으로 늘어나기 때문에 많은 시간과 노력을 투입해야 한다. 아이는 혼자서 공부를 하다가 모르는 것이 있으면 곧잘 질문을 하러 왔는데 점차 그 횟수가 잦아졌다.

나는 고민이 됐다. 아이는 이해력이 좋아 혼자 책을 보고 개념을 파악한 후 문제를 풀 정도의 실력은 충분했지만 좀 더 속도를 낼 필요가 있었다. 물론 혼자서도 잘하는 아이라는 것은 알고 있었지만 지금 외부에서 아이에게 조금만 자극을 준다면 수학 실력이 비약적으로 성장할 것 같았다.

고민하던 나는 아이의 어머니께 전화를 걸어 아이를 고등 수학 학원에 보내는 것이 좋겠다고 말했다. 교사로서 학부모에게 사교육을 권장하는 것 같아서 갈등이 됐지만 이 순간만큼은 교사보다는 같은 학부모의 입장이었다. 다행히 이전에도 교류가 있었기에 아이의 어머니는 오해 없이 내 말을 받아들였고 마침 고등학교 입학까지 얼마 남지 않은 기간 동안 아이에게 무엇을 해주어야 할지 몰라 답답하던 참이었다고 하셨다. 아이는 약 두 달간 집중적으로 고등 수학에 매진했고 속도를 내는 것이 눈에 보였다. 눈에서 레이저가 나올 정도로 지식을 흡수해가며 수학의 세계로 빠져드는 것이 느껴졌다.

아이는 고등학교에 입학하고 첫 스승의날 즈음 나를 찾아왔다. 엄마가 쥐어준 선물을 들고 다소 수척해진 모습으로 찾아온 아이는 나에게 너무 고맙다고 말했다. 고등학교 생활이 힘들긴 하지만 뛰어난 친구들 사이에서 그래도 입학 전에 수학을 집중적으로 공부하고 간 것이 얼마나 큰 도움이 되는지 모른다고 했다. 아이는 그 자리에서 엄마에게 전화를 걸어 나를 바꿔주었고, 나는 어머니께 또 한 번 감사 인사를 받았다. 입학하고 보니 그 시기가 아이에게 얼마나 중요한 때였는지 느꼈다는 어머니의 말에 다시 한 번 나는 학습에 있어서 적절한 타이밍에 적절한 공부법이 얼마나 효과적인지 실감할 수 있었다.

어떤 학원을 어떻게 골라야 할까?

앞서 살펴본 사례를 통해 자기 주도적인 학생도 학원을 적절하게 활용하면 학습에 있어 강한 시너지 효과를 낼 수 있다는 사실을 확

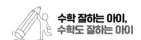

인할 수 있었다. 그렇다면 학원은 어떤 방식으로 어떻게 선택하는 것이 좋을까? 사교육은 디테일이 핵심이다. 명확한 목표를 세우고, 원하는 바를 정확하게 표현하여 부족한 점을 과감하게 개선할 수 있다면 사교육을 성공적으로 활용한다고 볼 수 있다.

1) 명확한 목표 설정하기

일단 학원에 다니는 목표를 명확히 설정한 다음 학원 투어를 시작해야 한다. 답답한 마음에 학원에 가서 상담이나 받아볼까 하고 가면 십중팔구 아이가 필요하지도 않은 학원에 등록하거나 더 답답해져서 돌아오게 된다. 전 과목을 고르게 향상시키는 것을 원하는지, 특정 과목을 원하는지, 심화를 원하는지, 선행을 원하는지, 참여 가능한 횟수나 시간, 함께 수업을 듣는 학생 수 등등 상담 전에 꼼꼼하게 조건을 적어보는 과정이 필요하다. 더 구체적으로는 아이가 이해력이 부족한지, 계산력이 부실한지, 암기를 못하는지, 어휘가 빈약한지, 문법이 약한지 등을 학원 측에 명확히 전달할수록 좋다.

물론 이를 위해서는 아이의 현재 상황을 정확히 파악하기 위한 노력과 수고가 필요하다. 사실 이것이 더 어렵다. 평소에 아이를 잘 관찰하고 있어야 하기 때문이다. 그러므로 학원을 보내야겠다고 마음먹었다면 지금까지 아이의 학습 진행 상태와 상황이 머릿속에 있어야 한다. 학교 선생님이나 현재 다니고 있는 학원을 통해 객관적인 정보를 수집한 다음 아이와 깊은 대화를 통해 명확한 목표를 설정한 후 새로운 학원을 방문하는 것이 좋다.

2) 원하는 바를 분명히 밝히기

목표가 명확해지면 학원 상담을 할 때 주도권을 쥘 수 있다. 부모로서 아이가 원하는 바를 분명히 밝히고 그것을 해줄 수 있는 학원을 찾으면 되는 것이다. 이때 학원 규모는 중요하지 않다. 유명한 대형학원이든 작은 보습 학원이나 공부방이든 설정한 목표를 이룰 수있도록 원하는 것을 해줄 수 있는지의 여부가 가장 중요하다.

요즘 대형 학원은 철저한 레벨 수업을 한다는 이유로 어려운 테스트를 보게 해 아이의 실력을 형편없이 깎아내리는 경우가 많다. 학교 시험에서 만점을 받아도 그걸 믿으면 안 된다며 학원의 레벨 테스트가 더 신뢰할 만하다고 얘기하기도 한다. 심지어 다니다가 레벨이 맞지 않는 것 같아 반을 바꿔달라고 요청해도 학원 규칙상 불가능하다는 대답을 하는 경우도 보았다. 학원이 아이의 학습을 주도해서는 안 된다. 아이에게 필요한 능력을 키워줄 수 있는 학원은 겉모습이 아닌 학원 본연의 역할에 충실한 곳이다.

학원 입장에서는 무엇을 원하는지 명확히 밝히는 학부모가 까다롭게 느껴질 수도 있지만 다시는 되돌릴 수 없는 아이의 소중한 시간을 투자하여 보내는 곳인 만큼 깐깐하게 알아보고 선택할 필요가

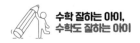

있다. 사교육에 종사하는 사람들 입장에서도 어차피 학원의 목표 또한 아이들의 성적을 향상시키는 것이라면 아이에게 필요한 것을 정확히 표현하는 학부모가 장기적으로 바람직할 것이다.

3) 개선이 되지 않을 경우 과감히 끊기

내 아이를 면밀히 파악한 뒤 깐깐하게 결정했어도 학원 선택은 실패할 수 있다. 기대만큼 효과가 없다고 판단되면 아이를 직접 가르치는 학원 선생님과 대화를 나누며 개선점에 대하여 적극적으로 의견을 제시하는 것이 좋다. 이때 기간은 2~3개월 정도면 충분하다. 그러나 그 후에도 여전히 결과가 미흡하다면 과감히 학원을 끊어야 한다. 사교육에 있어서도 기회비용을 생각해야 하기 때문이다. 학원은 대가를 지불하는 만큼 원하는 바를 이루기 위해 보다 객관적인 판단 하에 현명하게 활용해야 한다.

덧붙여 좋은 학원보다 중요한 건 아이와 맞는 좋은 교사를 만나는 것이다. 가능하면 아이를 직접 가르치는 교사와 대화를 나눠보는 것이 좋다. 대형 학원의 원장이나 상담 실장은 좋은 얘기만 할 확률이 높고, 아이에 대한 면밀한 관찰 없이 결과물이나 교사에게 들은 이야기를 토대로 대화를 할 수밖에 없다. 따라서 아이를 직접 가르치며 느낀 것을 바탕으로 조언을 해줄 수 있는 담당 교사와 반드시 직접 이야기를 나눠볼 필요가 있다.

넘치는 부모보다
부족한 부모가 낫다

대부분의 부모들은 아이를 가르치고 지적하고 충고하기에 바쁘다. 지난날의 나 또한 무슨 자신감으로 그랬을까 생각해보면 내가 아이보다 많이 가지고 있는 것은 나이와 경험뿐이다. 경험 또한 나이의 산물임을 감안하면 결국 내가 아이에게 내세울 건 나이밖에 없다. 나이가 많다고 해서 모두 현명한 것이 아님을 잘 알고 있으면서도 어른들은 당연히 아이보다 자신이 우월하다고 착각한다.

아이의 자기 주도력을 키우고 싶은 부모라면 일단 내가 현명하지 않을 수도 있다는 사실을 받아들여야 한다. 어쩌면 아이가 나보다 훌륭한 자질을 타고났을 수도 있다.

"참을 인(忍) 세 번이면 살인을 면한다"고 한다. 아이의 자기 주도

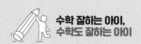

력을 지키고 더욱 키우기 위해 가장 필요한 마음가짐은 바로 '참는 것'이다. 말하고 싶은 것 참기, 대신 해치워주고 싶은 것 참기, 참견하고 싶은 마음 참기, 지시하고 충고하고 가르치고 싶은 마음 참기 등등 아이에 대해 지금까지 했던 거의 모든 행동에 대해 반성해봐야 한다.

나이가 많다는 이유로 아이보다 똑똑하다고 생각해서는 절대로 안 된다는 점을 명심해야 한다. 부모 노릇 처음 하는 나나 자식 노릇 처음 하는 아이나 다를 것이 없다.

어른이라고 다 옳은가요?

자동차가 고장 나 서비스센터를 방문했다. 차를 입고시키고 고객 휴게실에 앉아 있다가 수리가 다 되었다는 전화를 받고 담당 직원을 마주하게 되었다. 그런데 대화를 나누다 보니 낯이 많이 익은 얼굴이었다. 상대방도 그걸 느꼈는지 내게 혹시 선생님이 아니시냐고 멋쩍게 물었다. 질문을 받는 순간 오래 전 제자라는 걸 알아차렸고 너무나 반가웠다.

며칠 뒤 제자를 다시 만나 함께 식사를 하며 그 시절 추억을 즐겁게 소환했다. 밝고 명랑하기만 했던 귀여운 학생이 이렇게 어엿한 직장인이 된 것도 신기하고 그 당시 농담 삼아 했던 "선생님 차는 제가 다 고쳐드릴게요!"라는 말이 이렇게 현실이 되어버릴 줄은 정말 꿈에도 몰랐다.

기분 좋은 만남 후 집에 돌아왔는데 제자가 지나가는 말로 했던 이야기가 가슴에 남았다. 중학생 때 어떤 선생님이 본인에게 했던 말이 아직도 기억이 난다고 했다. 그 당시에는 사실 영문도 모르고 선생님이 나무라시니 본인이 잘못했다고 생각했는데 어른이 되어 생각해보니 그게 아니었다며, 어리다는 이유로 어른이 하는 말에 무조건 따라야 하는 것은 아닌데 왜 그때 그 선생님이 그렇게 말씀하셨는지 두고두고 원망스러운 마음이 들었다고 했다. 나는 선생님의 입장도 이해가 되긴 했다. 선생님도 사람이기 때문에 피곤하거나 짜증스러운 날은 아이가 사소한 것을 물어보면 대충 대꾸하기도 하고 마음과는 달리 말이 날카롭게 나가기도 한다. 어쩌면 별것 아닌 일로 그냥 넘어갈 수도 있는 사소한 해프닝이었을 것이다.

아이들은 기본적으로 어른이 하는 말은 옳다고 믿는다. 그래서 어른이 나무라면 본인이 잘못했다고 인식하게 된다. 그런데 본인이 어른이 되고 나면 '그때 내가 뭘 잘못한 거지? 왜 야단 맞은 거지?'라는 생각이 들면서 억울한 감정을 느끼게 되는 경우가 있다. 심한 경우 내 입장을 들어보지도 않고 본인 마음대로 판단해버린 상대가 원망스럽기도 하다.

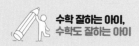

아이들은 본인이 어떤 취급을 받았는지 당장은 모른다. 대부분은 '어른이 하는 말이니까 맞겠지, 어른들은 나보다 많은 것을 알고 있을 테니 당연히 말을 잘 들어야지'라고 생각하며 살아간다. 비판력도 약할 뿐만 아니라 태어나면서부터 이미 어른의 손에 의해 길러지기 때문에 이것은 자연스러운 현상이다.

그러나 아이가 만약 어떤 일로 상처를 받게 되면 당시엔 상황 판단을 할 수 없어 아무런 저항 없이 주어진 상황을 받아들이지만 그 순간만큼은 기억 속에 영원히 저장된다. 그리고 어른이 되어서 비로소 그날 자신이 받은 취급이 정당했는지 판단하게 된다. 아무리 나이가 어려도 아이를 함부로 대하면 안 되는 이유가 바로 여기에 있다. 당장은 몰라도 아이는 언젠가 나와 같은 어른이 될 사람이라는 걸 잊어서는 안 된다.

말 안 듣는 아이로 키우는 최고의 기술, 잔소리

딸아이의 책상은 늘 지저분하다. 널브러진 책들은 물론 가끔은 코푼 휴지, 신던 양말까지 올라가 있어 쓰레기통이나 다름없다. 책상 정리를 좀 하라고 말하니 본인은 아무 문제가 없는데 왜 정리를 해야 하느냐고 도리어 내게 묻는다.

생각해보니 내 책상도 아닌데 내가 심한 것 같았다. 그냥 깔끔한 게 좋다는 내 고정관념 때문에 이유도 없이 정리를 하라고 했는데, 아이는 어디서 찾아낸 말로 나를 꼼짝 못하게 만들었다. "너저분한 책상이 너저분한 정신 상태를 보여준다면 텅 빈 책상은 대체 무엇을 보여준단 말인가?"라고 아인슈타인이 말했단다.

엄마들은 대부분 나처럼 잔소리를 잘한다. 나는 남자 형제들과 함께 자라서 그런지 말수가 적은 편인데도 엄마가 되니 습관적으로 잔소리를 하게 된다. 그런데 생각해보면 아이에게 하는 잔소리 가운데 그다지 의미가 없는 경우도 많은 것 같다. 물론 엄마는 아이에게 도움이 되라고 하는 말이지만 아이는 그렇게 받아들이지 않고 흘려버린다는 데 문제가 있다. 아무리 좋은 말도 듣지 않으면 소용이 없다.

그렇다면 잔소리는 왜 하는 걸까? 내 경우 어떤 이유로 잔소리를 하는지 곰곰이 한번 생각해봤다. 그런데 놀랍게도 아이가 어차피 내 말을 듣지 않을 것임을 알면서도 잔소리를 하고 있다는 사실을 깨달았다. 그럼에도 잔소리를 하는 이유는 내 만족감 때문이었다. 즉 내가 아이를 위해 최선을 다하고 있다는 심리적 만족감을 느끼고, 나 자신을 안심시키기 위해 잔소리를 하는 것이다. 그러고 나면 내가 엄마로서 조금이나마 역할을 완수했다는 감정을 느끼는 듯했다.

여기에는 내가 어릴 때 들었던 잔소리의 영향도 한몫했다. 이상하게도 내가 엄마로부터 들었던 잔소리를 똑같이 아이에게 하고 있었

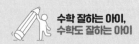

다. 아이가 듣든 안 듣든 상관없이 의미 없는 잔소리를 계속했고 이러한 습관이 어느새 굳어지고 말았다.

영혼 없는 잔소리는 당연히 엄마 말을 안 듣는 아이를 만들어내고 엄마 입장에서는 아이의 약점을 획득하게 된다. 이 약점은 다시 아이를 궁지로 몰아넣는 역할을 하게 되는데 당연히 부모 자식 간에 좋을 것이 없다.

내 입에서 나가는 말이 아이에게 부디 잔소리가 되지 않기를 바라는 마음에 나는 아이에게 말을 할 때 다음 두 가지를 고려한 후 내뱉기로 마음먹었다. 하나는 '이 말이 아이에게 정말 필요할까?'이고, 또 하나는 '지금 이 타이밍에 과연 적절한 말인가?'이다.

물론 이 과정을 거친 후에도 아이는 가차 없이 내 말을 잔소리로 취급하곤 하지만 그래도 쓸데없는 말을 줄일 수 있어서 나쁘지 않다. 아무래도 말수를 더 줄여야 할 것 같다.

모르는 것을 모른다고 말하는 용기

인간은 기본적으로 인정 욕구가 있기 때문에 누군가 잘 모르는 것에 대해 도움을 요청하면 많은 것들을 가르쳐주고 싶어 한다. 그런데 하물며 부모는 어떻겠는가? 아이가 모른다고 말하기도 전에 기꺼이 자신이 알고 있는 것들을 아이에게 가르쳐준다. 그러나 반대로 부모는 아이에게 모른다고 말하고 싶어 하지 않는다. 부모라면 아이를 앞에서 이끌어주는 게 당연하다고 생각하기 때문에 아이에게 자신이 모르는 것을 모른다고 말하는 것을 금기시한다.

그러나 우리는 태어나면서부터 부모가 아니었다. 아이를 낳고 키우는 것은 경험을 통해서만 배울 수 있는 것들이 절대적임에도 우리는 모두 연습 없이 하루아침에 부모 역할을 수행해야 했고 따라서 서툴고 모르는 것이 당연하다. 그럼에도 앞서 말한 이유들로 부모들은 아이에게 모른다는 고백을 하기 어려워하지만 이를 정면으로 돌파한다면 의외로 얻을 것이 많다.

내가 아이를 앞에서 이끌어간다면 아이와 나는 수직적인 관계가 된다. 그러나 내가 아이 옆에서 같은 방향을 바라보면 동지가 될 수 있다. 육아를 하며 나는 아이에게 "엄마도 처음이라서"라는 말을 종종했다. 그래서 아이가 어떤 결정을 어려워할 때면 함께 생각해보자거나 시간을 좀 달라고 요청하곤 했다. 이렇게 말하면 아이는 불안해할 것 같지만 전혀 그렇지 않다. 상식적으로 아이가 태어나면서 부모도 태어나는 것임을 설명해주면 쉽게 이해하고, 오히려 부모가 자신을 신중하게 대하는 모습에 신뢰를 가질 수도 있다.

이것은 아이의 자기 주도력 측면에 있어서도 도움을 주는데 세상에는 완전한 인간이 없음을 자연스럽게 받아들이게 되고, 모르는 것

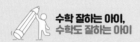

이 있을 때 어떻게 해결해야 하는지 배울 수 있는 좋은 기회가 된다. 부모와 함께 자신의 문제를 고민하고 해결책을 찾는 과정을 통해 아이는 어른의 눈으로 세상을 바라볼 수 있고, 나중에 혼자 문제를 해결해야 할 때도 이러한 경험은 많은 도움이 된다.

'벌거벗은 임금님'을 보고 자신이 본 것을 사실대로 말할 수 있는 사람은 용감하다. 배움에 있어서도 모르는 것을 인정하는 것은 용기가 필요하고 이것은 곧 큰 무기가 된다. 아이의 머리 위에서 내려와 기꺼이 아이 옆에 서는 것은 조금만 용기를 내면 가능한 일이지만 이것은 아이와 부모가 대립하지 않고 한 방향으로 힘을 합칠 수 있는 큰 기회가 된다. 이러한 좋은 기회를 놓치지 않는다면 '가족의 행복'과 '아이의 자기 주도력'이란 두 가지 토끼를 한 번에 잡을 수 있을 것이다.

5장

수학을 잘하는
아이로 키우는 법

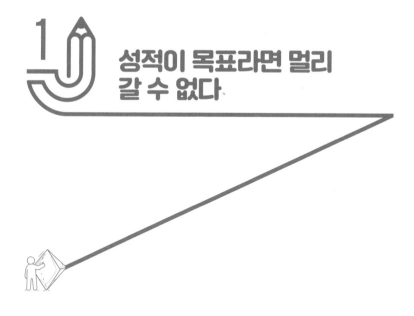

1 성적이 목표라면 멀리 갈 수 없다

매년 봄이 되면 교사들은 학부모 상담으로 바쁘다. 먼저 아이의 얼굴을 떠올리고 학부모 전화번호를 확인한 후 버튼을 누른다. 신호음이 울릴 동안 나는 가장 먼저 아이의 장점을 떠올린다. 어떤 아이든 장점이 있기 마련이고 부모는 자식의 칭찬에 늘 목마르기 때문이다.

간단한 안부 인사 후 이런저런 이야기를 나누는데 하나같이 깜짝 놀라신다. 얼마 겪어보지도 않았는데 어떻게 아이를 이렇게 잘 파악하셨느냐며 감탄을 한다. 그러나 내 입장에서는 그리 어려운 일이 아니다. 20여 년간 아이들의 얼굴만 보고 살았으니 데이터가 많을 뿐이다. 데이터의 양이 많아질수록 질이 좋아지는 것 같다. 예측이 거의 정확히 맞아떨어지니 말이다. 상담 때 학부모들이 가장 들기 좋아하는 말은 이것이다.

"아이를 어떻게 이렇게 잘 키우셨어요?"

이 말을 듣고 웃지 않는 학부모는 단 한 명도 없었다. 출산부터 시작해 사춘기에 이르기까지 아이를 키우는 일은 고되지만 이 말을 듣는 순간 힘들었던 과거는 사르르 녹아버린다. 지금까지의 노력이 헛되지 않았음에 감사하고, 다행스럽게도 '내 자식이 어디 가서 욕은 안 먹는구나' 생각하면 마음이 너무나 편안해지는 것이다.

자식을 가진 부모는 늘 전전긍긍하기 마련이다. 나만 잘 산다고 행복하지 않다. 어쩌면 내 행복에 더 큰 영향을 미치는 것은 내가 아니라 자식이다. 그래서 자식이 어디 가서 남한테 피해를 주지는 않을지, 잘못 가르쳤다고 손가락질 받지는 않을지 걱정을 달고 산다. 필요 이상으로 걱정하고 작은 실수도 크게 가르치고 싶어 한다.

그러므로 부모 입장에서 자식에 대한 칭찬은 아무리 작은 것이라도 크게 느껴지고 필요 이상으로 감사한 마음이 든다. 남의 입에서 나오는 자식 칭찬은 정말 아무리 들어도 듣기 좋은 소리다.

그런 아이를 키운 학부모들과는 몇 분만 통화를 해봐도 알 수 있다. 아이를 이렇게 잘 키울 수 있었던 것은 어떤 비결이 있는 것이 아니다. 그냥 아이가 곧 엄마다. 엄마와 통화를 하다 보면 아이와 이야기를 나눌 때와 비슷한 감정을 느낄 수 있다. 엄마가 어떻게 키운 것이 아니라 아이 자체가 이미 엄마인 것이다. 그 엄마에 그 자식,

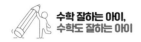
수학 잘하는 아이,
수학도 잘하는 아이

콩 심은 데 콩 나고 팥 심은 데 팥 난다. 그러므로 아이를 잘 키우고 싶다면 나부터 잘 살면 된다.

관찰하고 또 관찰하라

아이들을 가르치고 키우면서 내가 가장 중요하게 생각하는 것은 관찰이다. 내 말과 행동을 줄이고 아이를 끊임없이 관찰하기 위해 노력하는 이유는 아이가 어떤 자질을 타고났는지 알아야 앞으로 그것을 활용해 좋은 방향으로 이끌어줄 수 있을 거라는 판단 때문이다.

그러자면 차분하게 아이를 관찰해서 정확히 파악하는 것이 필수다. 관찰하면서 아이가 이해할 수 없는 행동이나 말을 한다면 왜 그렇게 했는지 이유를 물어봐야 한다. 아이가 자신의 입으로 그 이유를 직접 말하게 되면 부모 입장에서는 아이의 사고방식과 패턴을 알게 되고 아이는 자신의 입장을 말로 표현해보는 경험을 하게 된다.

여기서 가장 중요한 것은 서두르면 안 된다는 것이다. 부모는 아이의 속도에 맞춰야 한다. 정답이 아니더라도 기다려주어야 한다. 물론 이것은 무척이나 힘든 일이다. 성격이 급한 나 같은 사람은 가장 어려운 일이기도 한데, 다행히 한 가지 터득한 방법이 있다.

아이와 이야기를 나누다가 내 마음이 부글거리는 걸 느끼면 재빨리 생각의 전환을 해버리는 것이다. 아이가 일부러 나를 화나게 하려는 의도가 아님을 상기하며 거기에 내 감정을 사용하지 말 것을 스스로에게 주문하는 것이다. 감정을 빼는 것은 훈련이 필요하다. 하지만 몇 번의 연습만으로도 가능하므로 꼭 한번 시도해보길 바란다. 참고로 웨인 다이어(Wayne Dyer)의 《행복한 이기주의자》를 읽어보면 감정 사용법에 대해 더 많은 도움을 얻을 수 있을 것이다.

물론 사춘기 아이는 의도적으로 부모를 화나게 하는 말을 하는 경우도 있다. 이럴 때는 미성숙의 증거이므로 대응해서 잘잘못을 따지기보다는 일단 아이의 말을 듣는 것에서부터 시작하면 된다. 시간을 들여 아이의 이야기를 들어주면 아이는 감정이 식기 시작하고 자신이 억지 부렸다는 사실을 스스로 알아차린다. 야단을 치면 둘 사이의 감정만 상할 뿐이다. 인간은 어떤 이유에서건 비난을 받으면 기분이 상하고 이건 부모 자식 간에도 마찬가지다.

아이를 관찰하기 시작하면 전에는 몰랐던 많은 것들을 알 수 있게 된다. 축구를 좋아하는 숫돌이라는 아이가 있다. 엄마는 그동안 숫돌이가 축구를 좋아하는 건 알고 있었을 것이다. 이때 숫돌이는 그냥 축구를 '좋아하는' 아이가 된다. 하지만 관찰과 대화를 시작하면 아이가 '왜' 축구를 좋아하는지 알 수 있게 된다.

실제로 축구를 좋아하는 아이들에게 이유를 물어보면 이유 또한 다양하다는 것을 알 수 있다. 단순히 몸을 움직이는 게 좋아서, 팀끼

리 하는 운동을 좋아해서, 친구들과 어울리고 싶어서, 축구 자체보다는 친구들에게 설명하고 전략 짜는 것이 재미있어서 등등. 심지어 축구를 그다지 잘하지 못하는 아이가 해설은 누구보다 맛깔나게 하는 경우도 보았다. 체육대회 때 마이크를 쥐어주고 해설을 시켰더니 전교생이 즐거워했다. 이 아이는 나중에 스포츠 분석가나 해설가가 되면 참 좋을 것이다.

만약 숫돌이가 축구 실력이 뛰어난 건 아니지만 친구들과 어울리는 걸 좋아해서 축구를 한다고 판단이 된다면 숫돌이는 대인 지능이 높은 아이일 확률이 높다. 아이의 이러한 성향을 알았다면 부모는 어떤 식으로 이것을 활용하여 아이의 자기 주도력을 보다 강화할 수 있을까?

좋아하는 것에서부터 시작하라

숫돌이는 친구를 좋아하는 성격이므로 팀 프로젝트 활동을 하면 좋아할 만한 아이다. 혼자 공부하기보다는 친구들과 어울려서 하는 모둠 활동을 좋아할 것이고, 학원도 친한 친구들이 있어야 다니고 싶어 할 것이다.

만약 부모가 아이의 이런 성격을 학습적인 면으로 연결시키고 싶다면 양질의 캠프나 프로젝트를 해볼 수 있는 기회를 열어주면 좋을 것이다. 여기서 중요한 것은 '양질'이어야 한다는 점이다. 그 모임에 갔을 때 좋은 모델이 있어야 하고 자기도 그런 사람처럼 성공하고 싶다는 마음이 들어야 하기 때문이다. 그런 면에서 이런 활동은 자기보다 높은 학년과 함께하는 활동을 선택해야 배울 것이 많고 좋은 영향을 얻을 것이다. 청소년에게는 특히 역할 모델이 중요하다.

숫돌이는 이런 활동을 반복하면서 축구가 아닌 새로운 분야의 롤모델을 만나게 되고 그 모델처럼 되기 위해서는 해야 할 것들이 많다는 사실을 알게 된다. 이러한 경험들을 바탕으로 자신의 명확한 목표를 설정하고 나면 누구보다 강력한 동기를 가진 아이가 되어 있을 것이다. "뭔가를 할 수 있다는 최고의 증거는 바로 다른 사람들이 이미 그것을 했다는 사실이다"라는 버트런드 러셀(Bertrand Russell)의 말은 이러한 주장을 뒷받침해준다.

친구들과 함께하는 걸 좋아하는 숫돌이에게 책상 앞에 앉아 혼자서 조용히 하는 공부는 공염불일 가능성이 높다. 숫돌이가 다행히 축구 실력 또한 좋다면 축구선수가 될 확률이 높겠지만 그것이 아니라면 어른이 할 일은 아이가 좋아하는 것을 재료로 강점을 찾아주는 일이다.

아이가 어떤 활동을 좋아할 때 왜 그것을 좋아하는지 정확한 이

유를 찾아내는 것은 생각만큼 간단하지 않다. 심지어 아이 본인도 왜 자신이 그것을 좋아하는지 설명하지 못할 때도 많기 때문에 부모는 아이를 꾸준히 관찰하고 대화하며 이것을 찾기 위해 노력해야 한다. 직업적으로 많은 아이들을 관찰할 수 있는 사람의 조언을 듣는 것도 필요하지만 다양한 활동을 통해 아이가 좋아하는 것들의 공통점을 찾겠다는 목표를 가지고 있어야 비로소 눈에 보일 것이다. 아이가 어떤 것을 좋아한다는 것은 큰 축복이자 기회다. 이러한 기회를 허투루 쓰지 않길 바란다.

다르게 키울 수 있는 용기

남들만큼 해서는 남보다 잘될 수 없다는 말은 노력의 중요성을 강조할 때 자주 인용되곤 한다. 성공하는 데 있어서 1만 시간이 필요하다고들 하지만 충분조건은 아니다. 성공은 1만 시간을 어디에 쏟아부었느냐에 달렸다.

아이들이 유치원에 다니기 시작하면서 부모들은 운동이나 예술을 가르치기 시작한다. 보통 태권도, 발레, 미술, 피아노 등을 많이 시키는 듯하다. 이런 것들을 시키는 이유는 다양한데 예체능 교육의 장점을 논외로 하면 사실 남들이 다 하니까 시키는 경우가 많다. 친구들이 태권도를 배우는데 우리 아이만 안 배우면 소외될까봐, 그림을 잘 그리지 못하면 학교에서 주목받지 못하니까, 피아노를 배우면 하다못해 악보라도 보게 되니까. 결국 근원은 다른 친구들은 잘하는데 우리 아이만 못할까봐 그것이 두렵기 때문에 일단 가르치는 것이다.

하지만 생각해보자. 어떤 분야에서 남들보다 부족하지 않을 정도로 적당히 잘하는 것이 좋을지, 남들이 미처 발견하지 못한 분야에서 알게 모르게 실력을 쌓았을 때 더 돋보일지 말이다. 피아노를 너무 좋아하고 잘 친다면 물론 계속 가르치는 게 맞다. 하지만 다른 친구들과 균형을 맞추려고 학원을 보내고 있다면 이때는 다시 생각해볼 문제다. 이런 경우 대개는 아이의 자신감을 길러준다는 데 목적이 있다고 말하겠지만 자신감은 나보다 남들이 못했을 때 비로소 느낄 수 있는 감정이다. 그렇다면 굳이 하기 싫은 걸 배우기보다 남들은 잘 안 하지만 나에게 흥미가 있는 것을 배운다면 결과적으로 내가 주변에서 제일 잘하는 사람이 되어 있기 때문에 자신감 측면에 있어서도 더욱 좋다.

즉 성공을 위해서든 자신감을 위해서든 남들이 다 하는 걸 남들보다 잘하려고 노력하는 것보다는 가능하면 남들이 잘 하지 않는 분야에서 내가 잘하는 걸 찾아내는 것이 훨씬 효율적이다. 수많은 양 떼 중 한 마리가 되기보다는 무리에서 벗어난 한 마리 양이 블루

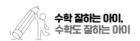

오션을 찾는 데 있어서는 훨씬 적합한 조건임은 확실하다.

"사람들을 따라 하고 틀린 방법을 계속해서 적용하는 일을 그만 둬라. 인생의 목적은 다수의 편에 서는 것이 아니라 정신 나간 사람들 사이에서 벗어나는 것이다"라고 《부의 추월차선》의 작가 엠제이 드마코(MJ DeMarco)는 말했다.

그러나 무리에서 벗어난다는 것은 곧 위험에 빠질 수도 있음을 의미하므로 두렵기도 하다. 그렇다면 무리에서 약간만 벗어나보자. 남들이 모두 같은 것을 선택할 때 나는 비슷하지만 조금 다른 선택을 하는 것이다. 수영을 배우는 것이 유행이라면 다이빙을 배우고, 악기를 배우는 아이들이 많다면 노래를 배우는 식이다. 이렇게 연습을 하다 보면 무리를 의식하되 거기에 생각 없이 휩쓸리지 않고 내가 원하는 길을 걸을 수 있다.

단 하나의 원칙에 집중하라

최근 몇 년간 읽은 책 중에 나에게 가장 큰 영감을 준 것은 게리 켈러(Gary Keller)의 《원 씽(The One Thing)》이다. 책의 요지는 어떤 일을 이루고자 할 때는 가장 중요한 '단 하나'에 집중해야 한다는 것인데 책을 읽을 당시 나는 진로에 대한 생각으로 머릿속이 복잡하게 얽혀 있었다. 한 직장에서 20여 년을 근무한 데서 오는 매너리즘일 수도 있고, 더 늦기 전에 인생의 마지막 기회를 찾고 싶어서였는지도 모르지만 한 가지 분명한 건 변화를 절실하게 원하고 있었다는 것이다.

우연인지 필연인지 학교에 일이 생기는 바람에 몇 개월간 휴직을 하게 되면서 쉼 없이 달려온 지난 세월을 돌아볼 수 있는 기회를 얻었다. 우선 나는 이리저리 쏘다녔다. 내가 정확히 무엇을 원하는지 모른다는 게 가장 큰 이유였지만 그동안 중요하지 않다고 치부하고 미뤄두었던 여러 가지 일들을 실현할 수 있는 방법을 찾고 싶었다. 책 쓰는 일은 그중 하나였다.

책을 쓰는 데 있어서 가장 중요한 것은 책의 주제일 것이다. 나는 책을 쓰기 위한 단 하나의 핵심 가치를 찾기 위해 노력했고 그것에 '자기 주도력'이라는 이름을 붙일 수 있었다. 단 하나에 집중하는 것은 엄청난 효과가 있었다. 실제로 어떤 일을 성공시키기 위해 이것저것 주의를 기울이다 보면 집중력은 낭비되기 십상이고 힘이 분산되어 효과는 미미해져버리고 만다.

그동안 다수의 자기계발서에서 보아온 '○ 가지 방법'들은 나를 변화시키지 못했다. 인간의 의지력은 생각보다 약하기 때문에 진정으로 성공하고 싶다면 가장 중요하고 기본이 되는 단 하나의 원칙을 추려내고 그곳에 총력을 기울여야만 가능성이 높아진다. 특히

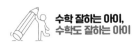

아이를 키우는 일은 내 마음대로 되는 일이 아니다. 내가 마음을 먹는다고 해서 아이가 예상대로 반응한다는 보장이 없기 때문이다. 그러므로 아이를 키우는 원칙은 무엇보다 쉽고 단순해야 한다. 우리는 오늘도 내일도 하루하루 아이와 함께 생활해야 하는 생활인이다. 오늘 실패했다면 내일 다시 시도해야 하는데 지키기 어려운 원칙은 세우나 마나다. 또한 아이를 키우는 것은 하루 이틀 만에 끝나는 일이 아니므로 지속성을 담보하기 위해서라도 복잡한 원칙은 금물이다.

단순히 성적이 좋은 아이로 만드는 것이 목표가 아니라면 매일매일 실천할 수 있는 단 하나의 원칙에 집중하자. 자녀 교육에 있어서 부모의 궁극적인 목표는 아이에게 자기 주도력이라는 본질적인 가치를 심어주고, 그것이 자체 동력으로 작용해 스스로 나아갈 수 있는 바탕을 마련해주는 것임을 잊지 말자. 성적은 다양한 선택의 한 가지 결과물일 뿐 성공을 보장해주지 않는다.

수학을 좋아하는 아이로 키워라

현재 우리가 사용하고 있는 십진법은 사람의 손가락이 열 개인 데서 비롯됐다. 십이진법이나 육십진법 등이 현재까지 사용되기는 하지만 결국 십진법이 보편화된 것은 아이들에게 쉽게 수를 가르치려는 측면도 있다. 이처럼 초기 수학은 대부분 직관적이다. 직관적이라는 말은 아이들이 이해하기 쉽다는 뜻이기도 하다. 수학 교육 과정에서 초기 수학이라고 할 수 있는 부분은 중1까지라고 생각한다. 그렇다면 중1까지는 얼마든지 직관으로 수학에 접근할 수 있음을 알 수 있다. 그러나 현실은 그렇지 않다. 많은 아이들이 직관을 사용할 수 있음에도 그것을 활용하지 않고 교사와 해답지의 풀이 방법을 흉내 내기에 바쁘다.

중학교 입학 전에 많은 아이들이 수학 공부를 하고 온다. 아무래도 중학교부터는 본격적인 대학 입시를 위한 레이스가 시작된다고 생각하기 때문인 듯하다. 그러나 수학을 좋아하는 아이들은 많지 않다.

가끔 수업 시간에 "선생님은 왜 그렇게 어렵게 푸세요? 이렇게 하면 답이 금방 나오는데요?" 하고 묻는 아이들이 있다. 풀이 과정을 설명해보라고 하면 원리는 모른 채 기계적으로 푸는 경우가 많다. 이런 아이들은 수학을 만만하게 볼지언정 결코 재미있다고 생각하지 않는다. 원리를 이해하는 노력을 기울이기 싫어하고 해답을 찾아가는 과정을 쓸데없는 일이라고 생각한다. 더 안 좋은 것은 이로 인해 자만심을 가지게 될 때다. 하지만 기계적인 반복 학습으로 인해 익숙한 문제에는 곧잘 정답을 외치지만 문제에 약간의 변형만 주어져도 어이없을 정도로 어려워한다.

참는 자에게 복이 있나니

수학 학습에서 가장 중요한 것은 타이밍이라고 생각한다. 적당한 시점에 적당한 정도의 자극은 수학 실력 향상에 결정적인 역할을 한다. 수학을 좋아하는 아이로 만드는 방법 역시 타이밍에 맞는 절제와 자극이 필요한데 이는 자기 주도력을 기르는 방법과도 매우 흡사하다.

수학 잘하는 아이,
수학도 잘하는 아이

수학을 좋아하게 하려면 무엇보다 부모의 때 이른 간섭은 금물이다. 직관적으로 자연스럽게 수학을 받아들이도록 자유를 허락하고 아이를 꾸준히 관찰하는 것이 좋다. 초등학생들은 특별히 수학적 재능이 눈에 띄기보다는 전반적으로 학습에 강한 아이들이 수학도 잘한다. 수학 문제를 쉽게 해결한다고 해서 급하게 수학 학습을 추가할 필요는 없다. 이미 타고난 감각으로 잘 해결하고 있는 아이에게 굳이 인위적인 힘을 가할 필요가 없는 것이다.

특히 어느 정도 잘 절제된 자극은 필요하지만 그것을 일반적인 사교육에서 기대하기는 현실적으로 거의 불가능하다. 사교육을 시켜 일부러 수학 문제를 틀리는 경험을 시킬 필요가 있을까? 또한 어려운 레벨테스트로 아이의 기를 죽여 '너는 수학을 못하는 아이'라는 인상을 심어줄 이유가 있을까? 열등감은 모든 일을 망친다.

어린 나이에는 빈둥거릴 시간이 반드시 필요하다. 겨우 중학생이 됐을 뿐인데 수학을 가장 싫어하는 아이로 만들지 않으려면 당장 수학 문제 한 문제를 더 맞는 것보다 수학을 싫어하지 않도록 노력을 기울이는 것이 중요하다. 다른 아이들은 이미 몇 년 치를 앞서 나가는데 우리 아이만 제자리걸음인 것 같아 불안한가?

그러나 차근차근 준비가 된 아이들은 급속도로 발전한다. 남들은 1년 걸려서 이해하는 것을 6개월 만에 끝내는 경우도 많다. 역시 모든 공부는 양보다 질이다. 아이가 앞으로 나아가고 싶을 때 뒤에서 밀어주는 것이 가장 효과적이다. 우리는 남들보다 선행 학습이 늦는 것을 걱정할 것이 아니라 아이가 영영 앞으로 나아가고 싶어 하지 않을 것을 걱정해야 한다.

새로운 도전보다 성공 경험이 먼저다

초등학교 시절에 수학을 어려워하는 경우는 많지 않다. 어려워한다면 아이가 이해할 수 없는 방식으로 풀이 과정을 설명한 경우다. 그러나 수학을 못하면 못하는 대로, 잘하면 잘하는 대로 부모들은 아이가 수학 공부를 더 많이 하길 원한다. 그리고 이것은 좀 더 어려운 문제에 도전하는 것을 의미한다. 다행히 아이도 받아들이고 재미를 느낀다면 문제가 없다. 그러나 수준에 맞지 않는 수학 학습은 득보다 실이 많다.

다소 어려운 문제를 해결하는 것은 아이에게 분명 쾌감을 준다. 이 쾌감은 학습을 지속시키는 역할을 하는데 만약 반대로 자꾸만 틀린다면 얘기가 달라진다. 계속적인 실패를 달가워할 사람은 없다. 하물며 어린아이는 이것을 더 안 좋은 방향으로 해석한다. 본인이 수학에 재능이 없는 것으로 일찌감치 인정해버리고 자신의 포지션을 설정하는 것이다.

그러므로 아이가 어릴수록 자신감을 키워주는 것에 포인트를 맞추는 것이 중요하다. 수학 공부는 한두 해에 끝나지 않는다. 학창 시절 내내 수학을 해야 하는 것이 현실이고 공부에서 자신감이 가장 중요한 요인이라는 것을 인정한다면 무엇보다 아이의 자신감을 다치게 해서는 안 되는 것이다.

아이가 수학을 어려워하는 시점이 왔을 때는 아이에게 틀리는 경험보다 정답을 맞히는 경험을 많이 시켜주어야 한다. 수학은 사소한 실수가 용납되지 않는 과목임을 감안하면 애초부터 백점은 쉽지 않다. 반대로 다 맞았을 때는 자신감이 대폭 상승하는 효과가 있다. 아이가 수학 때문에 의기소침해졌다면 자신의 수준보다 한 단계 낮은 교재를 선택해 성공 경험을 많이 쌓아주는 것이 좋다. 빗금으로 채워진 문제지보다 동그라미로 채워진 문제지는 그 자체로 아이에게 용기를 주고 앞으로도 잘할 수 있을 것이라는 확신을 준다.

자신감이 채워졌을 때 비로소 새로운 것에 도전할 수 있다. 수학뿐만 아니라 모든 과목에서도 이 원칙은 마찬가지다.

좋아하는 것을 잘하는 법

부모가 아이에게 재촉하지 않는 것만으로도 많은 위험을 피할 수 있다. 만약 아이를 기다리고 자신감을 북돋는 것에 성공했다면 충분히 박수를 받을 자격이 있다. 그만큼 부모로서 쉽지 않은 일이다. 그러나 그것을 해냈다면 그다음은 너무나 쉽다. 모든 게 저절로 굴러간다.

나는 가능한 딸아이의 수학 공부에 관여하지 않으려고 노력했다. 그리고 선행 학습 또한 최대한 늦게 시작하기로 마음먹었다. 그 이유는 이 아이가 될 만한 아이인지 아닌지 알아보기 위해서였다. 무지막지한 돈과 시간을 들여서 만든 점수는 장기적으로 득될 것이 하나도 없을 뿐더러 공부를 잘한다고 안심할 수 있는 시대도 아니기 때문에 오히려 마음이 편했다. 학교에서 오랫동안 근무한 경험은 내게 어떤 확신 같은 것을 주었는데 아이들이 '때'를 만났을 때 힘차게 밀어주면 놀랄 만한 성과를 낸다는 것이다.

그 때를 기다렸다. 아이는 수학을 싫어하지 않았으므로 학교 수업을 듣는 것만으로 충분했고 중2가 끝나갈 쯤이 되어서야 불안했는지 선행 학습을 시작하고 싶다고 말했다. 내가 가르치면 좋았겠지만 마침 아이에게 온 사춘기라는 복병은 아이와 조금은 거리를 두는 것이 좋다고 내게 말하는 듯했다.

학원에 대한 경험이 없던 터라 딸아이를 근처의 유명 대형 학원에 보냈지만 만족스럽지 않았다. 아이를 깎아내리기 바빴던 그 학원은 더 이상 믿음이 가지 않아 두 달 후 동네에 있는 작은 학원에 보

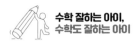

내면서 우리가 원하는 바를 학원 선생님께 명확히 표현했다. 아이가 원하는 것은 선행 학습이었으므로 학교 진도와 상관없이, 심지어 학교 시험 준비 기간에도 하던 것을 지속했다. 규모는 작았지만 우리가 원하는 대로 학원을 주도적으로 활용할 수 있었고 아이는 스펀지처럼 수학 교과 지식들을 흡수해나갔다.

1년 동안 중3과정과 고1 과정의 반을 끝낸 아이는 그야말로 수학에 눈을 뜬 것 같았다. 남들에게 지기 싫어하는 성향은 학원에서도 긍정적으로 작용했는데 많은 양의 숙제도 군말 없이 해내서 나를 놀라게 했다. 내가 붙잡고 가르치지 않은 것이 정말 다행스러웠다. 엄마가 시켰다면 절대 하지 않았을 것이기 때문이다.

중요한 것은 역시 타이밍이다. 아이가 하겠다는 마음을 스스로 먹었다면 다소 많은 학습량도 소화해낼 수 있고 이것은 비약적인 발전으로 이어진다. 덧붙여 성적은 전 과목을 고루 향상시키는 방식보다 한 과목을 깊게 파고드는 방식이 더 효율적이다. 영어에 재미를 붙였다면 하루 종일 영어를 해도 문제가 없는 것이다. 그리고 이러한 과목은 장차 아이의 주력 과목이 될 가능성이 높다.

3 수학 공부, 앞으로 이렇게 해봐!

나는 역사에는 젬병이다. 학창 시절에도 역사는 무작정 외워서 시험을 봤다. 똑같이 수업을 들었는데도 주요 사건이 이미 머릿속에 들어와 있는 친구들을 보면 너무 신기했다.

교사가 되고 난 후 수학에 젬병인 아이들을 많이 만났다. 아무리 쉽게 설명을 해줘도 이해하지 못하는 학생들을 보면서 수학은 재능이 있어야만 할 수 있는 과목이라는 생각까지 하게 되었다. 우연히 수학을 못하는 아이가 한국사를 꿰고 있는 것을 보기 전까지는 말이다. 이 아이의 눈으로 보면 나는 역사 과목에 있어서만큼은 저능아쯤으로 비춰질 것이다.

수학을 잘하고 싶은 마음에 나에게 와서 방법을 묻는 아이들이 가끔 있다. 현재 수학을 못하는 이유는 과거 수학 실력이 탄탄하지 못해서인 경우가 가장 많지만 이외에도 수학을 어려워하는 이유는 너무나 많다. 아이들이 물어올 때 나는 막연한 대답을 하지 않으려고 노력한다. 단순히 '열심히 해라' '복습을 해라' '학원을 다녀봐라'가 아닌 좀 더 구체적인 실천 방법들을 알려주고자 노력한다. 내가 역사 공부에 영 소질이 없는 것처럼 이 아이들도 수학에 대한 민감도가 낮은 것이므로 원론적인 해결책은 도움이 되지 않는다. 자기 주도적으로 수학 공부를 하고자 하는 학생들에게 알려주고픈 몇 가지 실천 팁을 아이들의 눈높이에서 몇 가지 소개하고자 한다.

기초가 부족할 때 필요한 응급처방

수학은 기초가 부족하면 점점 더 힘들어지는 과목이다. 그렇다고 현실적으로 현재 학년의 수학 진도를 따라가기도 바쁜데 전 학년 수학을 다시 공부하기란 쉽지 않다. 기초가 중요하다는 것은 알지만 학기 중에 학교 시험 대비를 하면서 학습의 빈틈을 찾아 메우기 위한 시간과 노력을 확보하기란 매우 힘든 일이다. 이런 어려움을 줄일 수 있는 두 가지 방법이 있다.

첫 번째는 수학 교과서를 사전처럼 이용하는 것이다. 예를 들어

현재 중3 학생이 '수와 연산'에 어려움을 느낀다면 2학년 수학 교과서의 '수와 연산' 단원을 찾아 공부를 하는 식이다. 만약 이것도 어렵다면 1학년 수학 교과서의 '수와 연산'으로 내려간다. 마치 외국어를 공부할 때 모르는 단어가 나오면 사전에서 단어를 찾아 의미를 확인하는 과정과 같다.

이 방법의 가장 큰 장점은 현재 내 수학 실력의 문제점을 해결하기 위해 내가 몰랐던 부분을 정확히 찾아내는 과정을 직접 경험함으로써 목표 의식이 생긴다는 것이다. 또한 단원별로 쪼개서 공부할 수 있으므로 지나간 학년의 수학 교과서를 처음부터 끝까지 다시 살펴보아야만 현재 학년의 수학 진도를 따라갈 수 있다는 강박에서 벗어날 수 있다. 작년에 공부한 수학 교과서를 붙들고 처음부터 끝까지 통으로 다시 공부를 해야 한다고 생각하면 엄두가 나지 않는다. 하지만 당장 필요한 부분을 사전에서 찾아본다는 마인드로 접근하면 생각보다 가벼운 마음으로 지나간 학년의 수학 공부를 시작할 수 있다.

물론 사전에서 영어 단어를 찾는 것만큼 짧은 시간에 문제가 해결되는 것은 아니다. 그러나 조금 더 긴 호흡이라는 것만 각오하면 현재 학년의 수학 공부를 손에서 놓지 않으면서도 기초를 다시 튼튼하게 다질 수 있는 현실적인 방법이 될 수 있다.

만약 혼자서 이 과정을 진행하기 어렵다면 다음 두 번째 방법을 시도해보자. EBSMath를 활용하는 것인데 앞서 언급했던 첫 번째 방식처럼 내가 학습해야 할 단원을 체크한 후 해당 사이트에 접속하여 동영상을 활용하면 보다 지루하지 않게 학습할 수 있다. 덤으로 학습 분량도 스스로 컨트롤할 수 있고 단원별로 꽤 많은 양질의 동영상 자료가 있으니 하루에 몇 개씩 소화하겠다는 나만의 목표를 세워 진행하면 된다. 동영상을 기준으로 학습 분량을 조절하고 나 자신을 격려하면서 차근차근 해나가는 것이 핵심이다. EBSMath를 본인만의 수학 학습 플래너로 활용한다면 자기 주도적으로 수학 공부를 하는 데 있어 많은 도움이 될 것이다.

제시한 두 방법은 수학을 단원별로 세분화하여 접근할 수 있는 방법이다. '수학'이라는 큰 덩어리를 단원별로 작게 쪼개고 단원이라는 작은 덩어리 안에서도 학년별로 단계가 나뉘어 있으니 어찌 보면 단계형 교육 과정을 역이용한다고도 볼 수 있다. 또한 적절한 시청각 자료를 학습의 자극제로 활용하는 것은 수학 학습에 대한 부담을 줄여줄 수 있는 순기능도 가지고 있다.

이 두 가지 방법 모두 목적은 같다. 수학 공부를 지속시킬 수 있는 환경을 조성한다는 점이다. 앞서 이야기했듯이 수학은 기초가 흔들리면 그 위에 계속 쌓아 올리는 것이 불가능하다. 따라서 단기간에 성적을 끌어올리기는 아주 어려운 과목이므로 뭔가 특별한 방법을 강구해야만 하는데 사실 방법보다 더 중요한 것은 선택한 방법

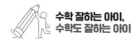
수학 잘하는 아이,
수학도 잘하는 아이

을 지속할 수 있는 환경을 만드는 것이다.

수학의 기초가 부족하여 개선책을 마련할 때 무엇보다 기준은 '내가 그것을 지속할 수 있느냐'가 되어야 한다. 아무리 좋은 방법도 꾸준히 행하지 않으면 소용이 없기 때문에 되도록 짧은 기간에 완수할 수 있도록 목표를 세분화할 필요가 있다.

사춘기의 반항심은 수학의 좋은 재료다

"나는 한때 내가 이 세상에 사라지길 바랐어. 온 세상이 너무나 캄캄해 매일 밤을 울던 날. 차라리 내가 사라지면 마음이 편할까. 모두가 날 바라보는 시선이 너무나 두려워."

가수 볼빨간 사춘기의 '나의 사춘기에게'라는 노래 가사 중 일부분이다. 멜로디도 좋지만 사춘기의 막막함과 답답함을 가사로 잘 표현해서 그런지 많은 사람들에게 위로를 건네고 사랑을 받았다.

내 경험에 비추어봐도 사춘기는 특별한 이유도 없이 화가 나고 허무해진다. 흔히 사춘기라고 하면 반항심 때문에 부모와의 관계는 물론 공부에 있어서도 위험한 시기라고 생각하는데 무언가에 반항을 하려면 먼저 본인만의 생각이 있어야 가능하다. 스스로 선택하고 움직이려는 의지가 생기기 시작하는 사춘기를 단순히 반항심이 생겨서 학업에 좋지 않은 시기로 치부해버리기엔 복잡한 면이 있다. 이 반항심이 학습에 있어서 매우 좋은 재료가 될 수도 있기 때문이다.

기존의 상식과 규칙에 대해 의심해보고 불합리한 부분에 대해 이의를 제기하고자 하는 의지는 사실 자기 주도력의 또 다른 이름이다. 이 자기 주도력이 수학 공부에 있어서도 매우 강력한 힘을 발휘하는데, 지금까지는 어른들이 시켜서 공부를 해왔다면 수학이란 학문에 계속 노력을 기울일지 말지 본인 스스로 결정하고 그에 따르는 책임 또한 자기 몫임을 깨닫게 된다.

단순히 좋은 대학에 가고 싶어서라는 막연하고도 모호한 이유를 들어 고민 없이 남들이 시키는 대로 공부하며 살아간다면 어려움이 닥쳤을 때 방향을 잃게 될 확률이 높다. 좋은 대학에 가고 싶다면 왜 가고 싶은지, 수학 공부가 내 미래에 정말로 필요한지, 필요하다면 왜 필요한지에 대해 진지하게 고민하고 그 근거를 찾아본 사람은 어떠한 유혹이 와도 쉽게 흔들리지 않는다.

자신을 설득해본 경험이 있는 사람은 그 자체가 강한 동기로 작용하고 주변에 있는 사람이 다른 의견을 제시했을 때 반박할 수 있는 힘이 생긴다. 물론 주변인의 조언을 무시하라는 뜻은 아니다. 그러나 아무리 가까운 사이라도 나보다 나를 더 잘 알고 걱정할 수 있을까? 자기 자신에 대해 성찰을 해본 사람은 이 세상 그 어떤 사람

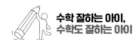

의 의견보다 자신의 의견이 중요하다는 것을 깨닫고, 자기 내면의 목소리에 귀 기울이기 위해 애쓴다.

우리가 어떤 일에 실패했을 때 그 원인을 노력이 부족해서라고 생각하기 쉽지만 사실 자기 스스로를 움직이게 하는 목표가 명확하지 않아서인 경우가 많다. 무언가를 간절히 원해본 적이 있다고 자신 있게 말할 수 있는 사람이 과연 몇이나 될까?

성공하는 사람이 드문 이유는 목표를 명확히 하는 것이 어렵기 때문인지도 모른다. 특히 요즘 학생들은 목표 설정을 다른 사람 손에 맡겨 두고 본인은 그저 남들이 하라는 대로 노력하면 성공할 수 있다고 착각하는 것 같다. 그러나 내 생각은 다르다. 우리가 정말로 해야 할 것은 성찰을 통한 목표 설정이고, 이것을 통해서만이 나 자신을 움직이게 할 수 있다. 나 자신을 움직이게 하는 것이 바로 노력인 셈이다. 따라서 나 자신에 대한 성찰이 먼저고 노력은 그 결과라고 할 수 있다. 이렇게 되면 노력하는 것은 더 이상 고통스러운 일이 아니다.

사춘기 때는 심리 상태나 자기 주도력 등에 변화가 생기므로 그에 적합한 방식으로 수학에 접근해야 한다. 수학 공부를 왜 해야 하고, 나는 어떤 방법으로 공부하고 싶은지 등 내면에 대한 성찰이 필요하지만 언뜻 직접적으로 수학 실력을 기르는 것과는 거리가 멀다고 느낄 수도 있다. 그러나 본격적인 수학 공부는 사춘기 이후에 시작된다는 것을 감안한다면 반드시 거쳐야 할 과정이다.

어떤 수학 교재를 골라야 할까?

혼자 수학 공부를 하는 아이들이 문제집을 추천해달라는 요청을 심심치 않게 하곤 한다. 정답은 없지만 본인이 처한 상황에 따라 선택해야 하는 교재는 조금씩 다르다. 아이의 수준에 따른 문제집 선택 요령을 다음과 같이 소개한다.

1) 학교 수업을 잘 따라가고 있지만 더 잘하고 싶은 경우

유의해야 할 것은 '더 잘하고 싶다'는 의지가 부모의 의지가 아닌 학생의 의지여야 한다는 점이다. 수학을 더 잘하고 싶은 경우에는 개념 설명이 많은 것보다는 문제의 양이 많은 문제집이 좋다. 수학을 잘하고 싶은 욕심이 생겼으므로 기본 문제를 숙달하여 시간을 단축시키고 좀 더 어려운 문제에 도전해보는 것이 필요하기 때문이다. 그러나 의욕이 앞서 너무 어려운 문제집을 선택하면 자신감이 하락하는 부작용이 생길 수 있다. 정답률이 70~80퍼센트 정도는 되어야 자신감이 하락하지 않으면서 도전 의욕이 생긴다는 점을 기억하자.

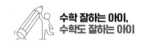

2) 학교 수업을 따라가는 것이 약간 버거운 경우

이러한 학생들은 아주 쉬운 문제집을 선택해야 한다. 중요한 건 문제집을 풀기 전에 꼭 교과서를 다시 한 번 풀어봐야 한다는 것이다. 아무리 쉬워도 문제집은 혼자서 감당하는 것이기 때문에 학교에서 선생님과 수업해본 교과서를 반복하는 것이 더 수월하다. 이 단계의 학생들이 착각하는 것 중 하나가 교과서를 우습게 여긴다는 것인데, 문제집은 교과서가 완전히 이해됐을 때 시작한다는 마음으로 먼저 교과서에 집중할 필요가 있다. 교과서를 끝낸 뒤 본인이 쉽게 풀 수 있는 문제집으로 복습을 하면 기초가 튼튼해지고 다음 단계로 나아갈 수 있다. 이런 학생들의 경우 어려운 문제집은 자칫 자신감을 빼앗길 수 있으므로 특히 유의해야 한다.

3) 학교 수업을 거의 이해하지 못하는 경우

이러한 경우에는 사실 문제집이 필요 없다. 대신 특별한 노력이 필요한데 현재 학교 진도에 따른 수업을 이해할 수 없다는 것은 기초가 부족하다는 뜻이므로 다른 친구들보다 더 많은 노력을 해야만 상황을 극복할 수 있다. 경험상 수업을 이해하지 못하는 아이들이 혼자서 수학 공부를 다시 시작해보겠다고 도움을 요청하는 경우는 1년에 한두 명일 정도로 극소수지만 이러한 친구들에게 추천하는 방법이 있다.

앞서 기초가 부족할 경우 응급처방으로 소개한 지난 학년 교과서를 사전처럼 이용하는 방법이다. 물론 기초가 부족하다고 하여 무작정 지난 학년의 수학 공부만 할 수는 없다. 무엇보다 현재 학년의 수학 진도를 따라가는 것이 목표가 되어야 하므로 만약 지금 이차함수를 배우는 중이라면 재작년 교과서에서 함수, 작년 교과서에서 일차함수를 찾아 부족한 부분을 해결하는 식으로 접근해보자. 시간과 노력이 많이 들지만 현재 학년의 수업에 재미를 붙일 수 있는 방법이기도 하다. 물론 이럴 경우에는 방학을 활용하여 기초 공사를 더욱 완벽히 해야 한다는 사실을 잊지 말아야 한다.

해답지 활용의 올바른 예

수학 문제를 풀다가 막히면 어떻게 해야 할까? 대부분의 아이들이 해답지를 찾아 풀이 방법을 읽어본다. 그런데 풀이 방법을 보고 나면 그다음에는 너무 쉬워 보여서 '에이~ 뭐야, 이렇게 하면 되는 거였네?'라는 생각이 든다. 사실은 아는 내용이었지만 본인이 실수를 했다고 생각하는 것이다. 이번엔 실수로 틀렸지만 다음번엔 당연히 풀 수 있다고 확신하게 되기도 한다. 하지만 시험에 비슷한 문제가 나오면 어렴풋이 풀어봤던 기억만 날 뿐 결국 정답에는 이르지 못

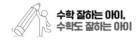

하는 경우가 제법 있다.

이런 일을 자주 겪는 친구들은 해답지를 너무 빨리 보기 때문이다. 즉 문제를 제대로 파악하지도 못했는데 답답한 마음에 해답을 보고 그것이 이해되면 공부가 끝났다고 생각하는 것이다. 그러나 이렇게 10시간을 공부해도 머릿속에 남는 건 없다. 진정한 사고를 하지 않았기 때문인데, 머리로 공부한 게 아니라 눈으로 한 것이므로 기억에 남지 않는다. 따라서 수학은 뇌를 좀 괴롭히면서 공부를 해야 한다.

물론 어쩔 수 없이 해답을 봐야 하는 경우도 있다. 여러 번 고민을 했는데도 해결이 안 될 때는 해답지를 좋은 선생님으로 활용할 수 있다. 그렇게 활용할 수 있는 한 가지 비법이라면 해답을 보되 천천히 역순으로 보는 것이다. 소크라테스는 '문답법'으로 제자들을 가르쳤다. 즉 제자들에게 적절한 질문을 함으로써 무지를 깨닫게 하고 진리를 탐구하게 만들었는데 수학 학습에 있어서도 이는 매우 유용한 방법이다.

해답지를 활용한 문답법은 다음과 같이 시도할 수 있다. 먼저 정답의 바로 윗줄을 보고 멈춘 후 생각한다. 정답의 바로 전 단계는 이 문제를 해결하기 위한 결정적인 힌트를 제공한다. 그 힌트를 붙잡고 정답에 이르기 위한 필수적인 요소가 무엇이었는지 깨닫는 것이다. 그래도 모르겠다면 또 그 윗줄을 보고 멈춘다. 이런 식으로 해답을 역순으로 읽다 보면 정답에 이르기 위해 필요한 조건들을 하나씩 생각해볼 수 있다. 정답을 도출한 뒤에는 다시 문제로 돌아와 해답지 없이 그 과정들을 다시 머릿속에 그려보는 것이 중요하다.

　사실 대부분의 수학 문제는 정답에 이르는 바로 전 단계에서 필요한 것이 무엇인지 알아내기만 해도 쉽게 풀린다. 결정적인 한 방이 되는 셈인데 이것을 빨리 캐치하는 연습이 필요하다. 이 방법은 문제 해결력을 향상시키는 데 굉장히 좋은 방법이고, 특히 혼자서 수학 공부를 하는 친구들이 효과적으로 사용할 수 있는 방법이다.

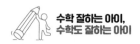
수학 잘하는 아이,
수학도 잘하는 아이

4 수학 잘하는 아이로 거듭나기

지금까지 수학을 좋아하는 아이로 키우기 위한 부모의 역할에 대해 이야기했다면 이제는 수학을 해볼 만한 과목이라 여기고 본격적으로 수학 공부를 할 준비가 된 아이들을 위해 좀 더 예리한 도구를 활용해 효율성을 높이는 방법에 대해 이야기해보려 한다. 바로 전략에 대한 부분이다.

대부분의 부모가 바라는 수학을 좋아하는 아이는 사실 '수학 성적이 높은 아이'를 의미한다. 대부분의 아이들이 그저 수학이 좋아서 취미로 공부하는 게 아니기 때문에 우리가 이런 책을 찾아 읽는 이유도 결국은 그래서 '어떤 방법으로 수학을 공부해야 하는가'로 귀결되고, 수학 성적을 잘 받고 싶은 이유는 현실적으로 좋은 대학에 입학하고 싶기 때문임을 부정할 수 없다.

그렇다면 부모들이 원하는 것은 대학 입시에서 유리하게 작용하는 '좋은 수학 성적'이고, 이것은 효율성의 문제로 이어진다. 따라서 우리는 노력의 양을 무작정 늘리기보다 노력의 질을 어떻게 관리할 것인지에 집중해야 한다.

공부 시간을 줄이기 위해 노력하라

공부를 매우 열심히 하는 학생이 있다. 아이답지 않게 참 성실하고 자기관리를 잘하는 친구다. 중학생임에도 하루에 적지 않은 시간을 공부에 쏟고 성취도 또한 우수하여 상위 3퍼센트 정도의 성적을 유지하고 있다.

또 다른 학생은 평소엔 별로 공부하지 않다가 시험 기간에 바짝 공부하는 스타일이다. 요즘 유행하는 워라밸을 실천한다고 해야 할까? 평소엔 좀 놀다가도 시험 준비를 시작하면 정신 차리고 책상 앞에 앉는 타입이다. 머리도 나쁘지 않아 이렇게 해도 상위 6퍼센트 정도의 성적이 나온다.

이때 상위 3퍼센트 아이는 이런 생각이 들지도 모르겠다. '나는 매일 공부해서 상위 3퍼센트인데 저 아이는 시험 기간에만 공부해

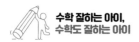

도 상위 6퍼센트라니 내가 공부에 소질이 없는 건가?'

만약 이 학생이 두 번째 학생처럼 시험 기간에만 공부했다면 상위 6퍼센트보다 못한 성적이 나올까? 반대로 시험 기간에만 공부하는 친구가 매일매일 성실하게 공부를 하면 상위 3퍼센트 안에 들 수 있을까? 두 가지 경우 모두 '그렇다'고 자신 있게 대답할 수 없을 것이다.

성적이 하위권인 학생이 한 시간 공부를 하면 10점이 오를 수 있지만 상위권 학생에게 한 시간은 1점도 올리기 힘든 시간이다. 앞서 소개한 두 학생의 성적 격차는 비록 3퍼센트 정도지만 공부 시간의 차이는 어마어마할 수도 있다는 의미다. 즉 상위권은 시간의 효율이 떨어지는 구간이다. 그러나 상위권 학생일수록 시간에 집착하는 경우가 많다. 그들은 지금까지의 경험상 시간을 많이 투입할수록 성적이 올랐기 때문에 끝없이 공부 시간을 늘려가는 것이다.

이 상위권 학생에게 나는 시간에 집착하지 말라고 조언해주었다. 오랜 시간 앉아서 공부를 할 수 있는 능력이 분명 고등학교에 가서 많은 도움이 되는 건 사실이지만 공부의 효율을 높이기 위해서는 반대로 공부 시간을 줄이려는 노력이 필요하다. 짧은 시간에 최대 효과를 얻기 위한 나만의 공부법을 찾고 계속적으로 다듬어야만 고등학생이 되었을 때 이것을 활용해 본격적인 성적 향상을 노릴 수 있다. 고등학교 성적은 시간과의 싸움이라고 해도 과언이 아니기 때문이다.

소위 공부를 잘한다는 고등학생들의 수면 시간이 생각보다 긴 것은 이런 주장을 뒷받침하는 증거다. 그러므로 상위권 학생이라면 시간에 목을 맬 필요가 없다. 공부를 한 시간 더 하려고 노력할 것이 아니라 현재 하고 있는 공부법을 점검하고 효율을 높이는 방안을 연구하는 것이 더 현명하다.

1분 목차 읽기로 뇌를 자극하라

수많은 학습법 중에서 가장 기본은 복습이라고 할 수 있다. 아무리 완벽히 이해했더라도 반복하지 않으면 망각하기 때문이다. 복습만큼 중요한 것이 또 예습인데 요즘은 선행 학습이 일반화되어서인지 예습하는 학생들을 만나기 어렵다. 자기 주도적인 학습에 있어서는 복습만큼이나 예습은 중요하다.

복습을 통해 배운 것을 넘어서기는 어렵다. 다시 말해 복습은 확장가능성과 창의성을 방해하는 요소로 작용한다는 의미다. 그러나 예습은 호기심을 자극할 수 있다. 한 번도 배워본 적 없는 내용을 처음 접할 때 우리의 뇌는 어떻게 반응할까? 이미 머릿속에 존재하고 있는 갖가지 정보들을 종합해 이것을 이해해보려고 노력할 것이다.

그러다 해결이 안 되면 궁금증이 생기고 예측을 해보기도 한다. 즉 우리의 뇌는 기존에 알고 있던 정보보다 새로운 내용을 접할 때 더 역동적인 활동을 한다. 이미 이것만으로도 학습 능력이 좋아질 수밖에 없는 것이다.

이것은 수업 시간에 더 강력한 힘을 발휘하는데 우리의 뇌가 이미 호기심을 가진 상태이므로 수업 시간에 관련된 내용이 들리면 자연스레 집중하게 될 가능성이 높아지는 것이다. 예습을 통해 궁금증이 생긴 것만으로도 수업 시간이 훨씬 알차게 채워지고 기억에도 오래 남는다.

그러나 주의할 것이 있다. 여기서 예습은 수업 내용을 미리 공부하라는 의미가 절대 아니다. 그것은 선행 학습과 다르지 않다. 아주 손쉽고 빠른 방법으로 간단히 뇌를 호기심에 빠뜨릴 수 있는데 바로 수업 직전에 교과서의 목차와 제목을 읽어보는 것이다. 수업 시작 전에 1분만 투자하면 되므로 누구나 부담 없이 할 수 있는 방법이다. 오늘 수업 시간에 배울 내용이 전체 단원에서 어떤 부분이고 무엇을 배울지에 대한 예측을 하는 것만으로도 우리의 뇌는 충분히 호기심을 가질 수 있다. 또한 메타인지 측면에서도 아주 효과적인데 내가 현재 어느 지점을 지나가고 있는지 수시로 확인하는 것은 단원 전체를 조망하는 데 큰 도움이 된다.

수학을 잘하는 중학생들 중에서도 다항식, 방정식, 함수식을 구분하지 못하고 개념들이 머릿속에 뒤죽박죽 섞여 있는 경우를 많이 보았다. 다항식 단원을 공부할 때는 그것만 하면 되니 별 어려움 없이 할 수 있지만 방정식을 거쳐 함수식까지 배우고 나면 이것들이 한데 뒤엉켜버리는 것이다. 전에는 쉽게 풀 수 있었던 다항식 문제를 방정식으로 오해하거나 함수로 오해하여 엉뚱한 답을 써내는 실수를 범한다. 거시적인 관점에서 단원을 바라본 적이 없기 때문에 이것들을 별개의 주제로 인식하고 그로 인해 때때로 각 개념들을 혼동하는 것이다.

　다시 한 번 강조하지만 목차를 살펴보고 전체 학습량 가운데 오늘 학습할 부분의 위치를 가늠한 뒤 해당 페이지를 펼쳐 구체적으로 어떤 주제에 대해 배울 것인지를 살펴보는 것만으로도 예습의 효과는 충분하다.

결정적 시기인 방학을 적극 활용하라

어릴 때부터 난 계획 세우는 걸 참 좋아했다. 하루 24시간을 나타내는 동그란 원에 30분 단위로 쪼개진 칸마다 빼곡히 적힌 것이 많으면 그렇게 뿌듯할 수가 없었다. 특히 방학이 시작되면 나만의 일과표를 꼭 만들었는데 많은 공을 들이느라 하루를 다 써버리기도 했

다. 하지만 알다시피 계획을 행동으로 옮기는 것은 다른 문제다. 늘 개학이 다가오면 이번 방학도 별 의미 없이 흘려보냈다는 생각에 마음이 무거워지곤 했다.

수학 학습에 있어서 방학은 결정적이라고 할 만큼 중요한 시기다. 부족한 공부를 보충하고 다음 학년을 준비할 수 있는 절호의 찬스지만 많은 학생들이 뚜렷한 목표 없이 학원만 왔다갔다하다가 아까운 시간을 흘려보내곤 한다. 심지어 적지 않은 수의 고등학생들이 본인이 수시 준비를 하고 있음에도 정시 준비에 방학을 다 써버리는 경우도 보았다. 이유를 물어보면 수능 최저 기준을 맞춰야 한다는 것이었지만 그보다 중요한 것은 내신 성적이다. 우선 내신 성적이 충족되어야 1차 합격을 할 수 있고, 수능 최저 기준은 그 이후의 일임에도 많은 학원들이 방학 동안 수능 대비를 권하고, 불안한 학부모는 학원에 아이의 미래를 맡겨버린다.

주변 소음에 휘둘리지 않고 좀 더 주도적으로 방학을 활용할 필요가 있다. 핵심은 '지속 가능한 성공'이다. 즉 아이가 실행할 수 있을 정도의 난이도로 반드시 성공 경험을 하게 하는 것이다.

[1단계] 실천 가능한 목표 정하기

사람은 누구나 새로운 계획을 세우는 건 좋아하지만 지나간 과오를 떠올리는 건 괴로워한다. 마찬가지로 공부에 있어서도 실패를 떠올리는 것은 괴로운 일이므로 아이들은 생각하고 싶어 하지 않는다. 하지만 공부에 있어서 지난 학기를 되돌아보는 것은 매우 중요하다. 어떤 물건이 고장 나면 원인을 찾아야 해결을 할 수 있듯이 공부 방법을 개선하고 싶을 때도 원인부터 파악해야 한다. 물론 우리의 습관이나 행동은 물건처럼 눈에 보이는 것이 아니므로 가장 먼저 원인을 찾아내는 것이 쉽지 않다. 그럼에도 불구하고 이 과정이 없다면 목표에 맞는 계획이 아닌 엉뚱한 계획을 세우게 된다.

무작정 계획부터 세우려고 하지 말고 차분하게 지난 학기의 생활 습관이나 학습 습관 중 고치고 싶은 부분을 딱 하나만 생각해보자. 목표가 많으면 실천하기 어렵고 이는 곧 실패로 이어지기 때문에 이루고 싶은 목표를 하나로 만드는 것에 집중하는 것이 좋다. 그러나 목표를 하나로 만들기 위해 작은 목표들을 하나로 만들어서 크게 부풀리는 것은 옳지 않다. 우리가 목표를 세우는 이유는 실천하기 위함이지 다른 사람에게 보여주기 위함이 아니다. 따라서 좋은 목표는 크고 멋질 이유가 없다. 좋은 계획의 기준은 오로지 하나, '내가 지킬 수 있느냐'뿐이다.

[2단계] 한 가지 프로젝트 성공하기

자기반성의 시간이 있으면 인간은 무의식중에 더 좋은 사람이 되고자 노력한다. 그러나 그것을 이루기 위해 빡빡한 시간표를 작성하는

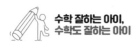

것은 금물이다. 대신 아이가 완수해야 할 프로젝트를 하나 정한 뒤 '○○ 프로젝트'라고 이름을 붙인 다음 그 프로젝트를 이루기 위해 꼭 해야 할 일들을 한두 가지만 정해보자. 여기서도 잊지 말아야 할 것은 결코 많은 것을 하려고 욕심 내지 않는 것이다. 어떤 프로젝트를 반드시 성공으로 이끌어야 한다면 실천 목표는 단순할수록 좋다.

프로젝트를 반드시 성공시켜야 하는 이유가 있다. 어떤 일이든 성공을 경험해본 사람은 또 다른 성공을 이루어내기 쉽기 때문이다. 성공 경험 자체가 내적 동기로 작용해 노력을 지속하게 만들고 이것은 성공 가능성을 높인다. 바로 이 지속력을 위해 작은 프로젝트를 성공시키는 경험이 필요한 것이다.

프로젝트를 성공시키기 위해 마지막으로 해야 할 것은 그것을 하루 일과 중 가장 좋은 시간에 실행하는 것이다. 예를 들어 '방정식 완성하기 프로젝트'라면 하루 중 내가 가장 집중이 잘 되고 에너지가 많은 시간에 그것을 실행하는 것이다. 다른 모든 것은 못하더라도 내가 정한 프로젝트만큼은 꼭 완수할 수 있는 환경을 스스로 조성하는 방법이다.

지금까지 우리는 거창한 계획을 세우고 실패하기를 반복하면서 노력의 부족함만 탓해왔는지 모른다. 아이들이 이런 기분을 느끼도록 해서는 안 된다. 노력은 '열심히 하는 것'보다 '효과적으로 하는 것'이 중요하다. 노력을 효과적으로 하는 것은 나 자신을 노력하기 쉬운 상황에 놓는 것이라고 생각한다. 방학 때 이런 성공 경험을 해 본 아이는 장기적인 공부를 지속할 수 있는 힘이 생긴다.

묻지마 선행 학습의 유혹에서 벗어나라

교실에서 수업을 듣다 보면 이런 순간이 있다. 함께 수업을 듣고 있는 사람들 중에 '지금 나만 못 알아듣는 건가' 하는 생각이 드는 것이다. 고등학교 1학년 때 나는 이런 감정을 종종 느꼈다. 남들은 다아는 것 같은데 나만 모르고 있어서 불안한 마음이 들었다. 그래서 질문조차 할 수 없었다. 진짜로 나만 모르고 있는 걸 확인하게 될까봐 두려웠던 것이다.

그러나 수학 교사가 되어보니 그 당시 교실에 있던 내 친구들도 나와 다르지 않았을 거라는 생각이 든다. 중학교를 갓 졸업한 머리로 고등 수학을 하는 것은 결코 쉬운 일이 아니다. 실제로 고1 수학은 중3 수학과의 격차가 매우 크다. 고1 수학만 잘 극복하면 고2, 고3 수학은 수월하게 지나가지만 대부분 고1 수학에서 무너지는 경우가 많다. 그리고 이것은 곧 수포자가 되는 수순이다.

고1 수학을 포기하지 않기 위해 우리는 뭘 해야 할까? 일찌감치 선행 학습을 하고 문제집을 여러 권 풀면 안심이 될지 모르겠지만

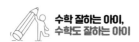

이는 착각이다. 아무것도 안 하는 건 불안해서 참을 수 없으니 뭐라도 하는 것일 뿐 실제로 수학 실력 면에서 이 방법은 비효율적이다.

중학생의 머리로 고1 수학을 제대로 공부할 수 있는 아이는 열에 하나다. 나머지 아홉은 그냥 아는 척을 하고 있을 뿐이다. 과거에 내가 그랬듯이 이들은 속으로는 불안하지만 겉으로는 표현하지 않는다. 심지어 본인이 알고 있다고 착각하기도 한다. 대부분은 문제풀이만 흉내를 내고 있을 뿐인데 정작 자신은 모르고 있는 것이다. 그러므로 묻지마 선행 학습은 독이다. 그 이유는 다음과 같다.

첫째, 자신의 학년보다 앞서서 다음 학년을 공부하는 것은 그 자체로 매우 어려운 일이다. 이미 시작부터 어려울 수밖에 없다. 중3 머리로 고1 공부를 하는 것이 과연 쉬울까? 둘째, 현실적으로 선행 학습은 '빠른 진도'를 의미한다. 내용도 어려운데 속도까지 내려면 아이들은 궁지에 몰릴 수밖에 없다. 게다가 빨리 배운 것은 빨리 잊어버리기 마련이다. 셋째, 결국 본인이 불안해진다. 잘 모르겠는데 안다고 끄덕거리는 자신도 싫어지고, 그렇게 많은 시간을 할애했음에도 성적이 잘 나오지 않기라도 하면 열등감에 빠지는 것은 시간 문제다.

5 실력을 점수로 연결하는 마법의 끈

학교에서 만난 수많은 아이들 중에는 분명 영재도 있었다. 그중 기억나는 경우는 동아리 활동 중에 만난 아이였는데 말수도 적고 온순하지만 가끔 던지는 질문들이 심상치 않았다. 그래서 아이의 담임 선생님께 물어보니 영재원에 다닌 경험도 있고 영재가 맞는 것 같다고 말씀하셨다. 다만 다듬어지지 않은 부분이 있어서 의외의 빈틈도 있다고 알려주셨다.

아이는 특히 질문을 많이 하는 편이었다. 주로 '왜?'에 관한 질문이었는데 일반적인 중학생의 질문과 비교하면 각도가 약간 다르다고 해야 할까? 어려운 것을 질문하기보다는 좀 엉뚱한 질문을 많이 했다.

이 아이가 하루는 교실에서 영어 선생님께 세월이 지남에 따라 관습처럼 굳어진 표현들에 대해 질문을 했다고 한다. 선생님 입장에서도 논리적으로 설명하기 어려운 부분이라 난감해하고 있는데 재미있는 건 옆에서 듣고 있던 전교 1등이 답답하다는 듯이 "야, 그냥 외워!"라고 답했다는 것이다. 그러고는 친구에게 충고하듯이 "시험은 무조건 외워서 보는 거야"라고 말해주었다고 한다.

전교 1등이 밝힌 시험 비법은 어쩌면 정답에 가까울 것이다. 대학생조차 암기해서 시험을 보는 것이 일반적일 만큼 무작정 암기를 하면 성적은 잘 나오니 말이다. 실제로 요즘 대학생들은 강의를 녹음하거나 토씨 하나 빠트리지 않고 받아 적은 것을 통째로 외워서 시험을 본다고 한다. 그러므로 공부를 잘하는 것과 시험을 잘 보는 것은 별개다. 물론 어느 정도의 상관관계는 있겠지만 말이다.

이해의 속도가 빠르고 기억력이 좋아도 성적이 생각만큼 나오지 않는 아이들이 있다. 절실함이 없기 때문이다. 공부가 힘들지는 않지만 그렇다고 최선의 노력도 하지 않는 경우다. 반대로 열심히 노력하는 데도 성적이 잘 나오지 않는 아이도 있다. 이런 경우 뭐가 문제인지 모르겠다는 푸념을 하게 되는데 찬찬히 살펴보면 포커스를 엉뚱한 곳에 맞춰 놓고 공부를 하고 있을 확률이 높다.

시험을 잘 본다는 것은 한마디로 종합예술이다. 남들보다 이해력이 좋아서 빨리 이해하면 암기도 쉬울 것이다. 그러나 방심하는 순

수학 잘하는 아이,
수학도 잘하는 아이

간 예상치 못한 곳에서 실점을 할 수도 있으니 치밀하게 공부해야 한다. 여기까지는 전통적인 노력의 영역이다. 그러나 더 높은 곳으로 가기 위해서는 출제자의 의도나 과목별 공부법에 대한 분석이 필요하다. 여기에 더하여 멘탈 관리 능력도 요구된다. 아무리 아는 것이 많아도 스트레스를 잘 관리하지 못하거나 한정된 시험 시간에 불안감을 느끼기 시작하면 고득점은 요원해질 수밖에 없다.

이 모든 조건이 충족되었을 때 비로소 시험을 잘 볼 수 있기 때문에 우리 주변에는 실력에 비해 점수가 안 나오는 아이, 노력에 비해 점수가 안 나오는 아이들이 많은 것이다. 반대로 이야기하면 문제가 아무리 쉬워도 백점을 맞는 것이 어려운 이유이기도 하다. 백점은 실수조차 없었다는 것을 의미하기 때문이다. 그렇다면 좀 더 구체적으로 수학 시험에 대한 이야기를 해보자.

해답지보다 선생님을 활용하라

수학을 잘하고 싶어 하는 학생들에게 내가 자주 하는 당부가 있다.

'해답지를 보지말 것!'

이는 내 경험에서 비롯된 조언이다.

1990년대의 수학 공부는 대체로 해답지 공부였다. 야간 자율학습 시간에 나를 포함한 많은 친구들은 문제지 옆에 해답지를 펴놓고 이해가 안 되는 부분을 '즉시' 찾아 해결하곤 했다. 이렇게 세 시간을 공부하고 나면 내가 굉장히 열심히 공부한 것 같은 기분이 들어 무척이나 뿌듯했다. 그리고 이런 나의 노력이 가상했는지 시험에는 문제집에서 풀었던 문제가 종종 출제되었다.

　　하지만 어이없게도 문제는 분명 기억이 나는데 풀이 방법이 기억나지 않는 황당한 상황을 마주하곤 했다. 심지어 해답지의 페이지까지 기억이 났지만 그날 밤 이해했다고 믿었던 풀이 방법은 결코 떠오르지 않았다. 미치고 팔짝 뛴다는 게 이런 거구나 하며 패닉에 빠져버렸다.

　　시험을 망치고 이유를 생각해봤다. 그동안 나는 소중한 야간 자율학습 시간에 도대체 뭘 한 걸까? 왜 기억이 나지 않았을까? 내 기억력이 문제일까? 급기야 수학에 재능이 없는 게 아닐까 하는 생각마저 들었다. 그렇게 뚜렷한 해결책을 찾지 못한 채 의기소침해졌고 그렇다고 이과생이 수학을 놓을 수는 없었기에 꾸역꾸역 공부 비슷한 것을 계속 하고 있었다.

　　그러던 어느 날 해결의 실마리를 찾았다. 불행하게도 나의 수학 선생님은 해답지와 완벽히 똑같은 풀이 방법으로 가르치시는 분이었다. 그래서 나는 그동안 수업 시간을 등한시하기도 했다. 수학 선

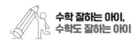

생님의 수업 방식에 조금은 화가 났던 것이다. 그래서 어느 날은 수업이 끝나고 선생님을 따라가 질문을 했다. 죽어 있는 해답지를 토대로 한 가르침 말고 살아있는 가르침을 받고 싶었다. 그런데 다시 설명을 해주시는 것 또한 해답지의 풀이 방법과 다르지 않았다. 실망스러웠다. 그런데 운명의 장난인가. 다음 시험에서 바로 내가 수학 선생님께 질문했던 그 문제가 나온 것이다.

이번엔 웬일인지 풀이 방법이 떠올랐다. 복도에 서서 해답지와 똑같은 설명을 들었던 그 순간이 세세하게 떠올라 어렵지 않게 문제를 풀 수 있었다. 그리고 깨달았다. 비록 같은 내용이라도 평소와 다른 환경에서 알게 된 것은 기억에 있어 좀 더 효과적이라는 것을 말이다. 학생들에게 질문을 권장하는 것도 이런 이유에서다. 선생님의 풀이 방법이 혁신적이지 않더라도 늘 눈으로만 공부하는 것에서 벗어나 다양한 자극을 활용하면 오래 기억에 남을 수 있다. 모르는 것이 있을 때 쉽게 해답지를 펼치기보다는 선생님께 질문하는 습관을 들이자.

시험 문제도 첫인상이 좋아야 한다

연구에 의하면 누군가를 처음 만났을 때 첫인상의 좋고 나쁨은 5초

내에 결정된다고 한다. 이는 결국 순간적인 감정으로 사람을 판단하기 쉽다는 것을 의미한다. 비단 사람뿐만이 아니라 수학 시험을 볼 때도 수학 문제의 첫인상은 우리의 감정을 좌우한다. 인간은 감정에 매우 취약하고 특히 시험을 보는 상황은 엄청난 스트레스가 동반되기 때문에 이런 상황에 놓이게 되면 감정에 더욱 휘둘려 문제를 처음 접한 짧은 순간에 많은 것이 결정되어버린다. 이것이 바로 문제에 대한 첫인상이다.

어떤 사람이 좋은지 싫은지는 시간을 들여 오랫동안 겪어봐야 알 수 있음에도 종종 첫인상으로 누군가를 단정 짓는 실수를 범하기도 한다. 즉 이성이 작동하기도 전에 감정만으로 결정을 내리고 그것을 기준으로 그 사람을 대하는 것이다. 그러다가 첫인상이 좋았던 사람이 내 마음에 들지 않으면 상대방의 마음이 변했다고 생각하기도 한다. 그러나 이 경우 그 사람이 변했다기보다는 내 감정에 내가 속았다고 보는 편이 맞다.

이것은 수학 문제를 풀 때도 해당된다. 문제를 읽을 때 우리는 문제가 쉽다, 어렵다를 순간적으로 판단해버리고 이것은 곧 감정으로 연결된다. 그런데 이 감정은 무엇보다 이성적이어야 할 시험 상황에 전혀 도움이 되지 않는다. 아는 문제를 틀리는 이유도 쉬운 문제라는 감정에 휘둘려 그 문제를 제대로 바라보지 않았기 때문이다. 반대로 너무 어렵다고 판단해 자신감이 하락한 상태에서 문제를 대하

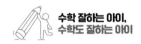

면 쉬운 문제도 꼬아서 생각해버리는 실수를 범하기 쉽다. 마치 어떤 사람과 친해지고 싶은데 그 사람이 하는 이야기를 귀 기울여 듣지 않는 것과 같다.

그렇다면 수학 문제를 처음 접할 때 어떻게 읽어야 할까? 감정을 배재한 채 읽어야 한다. 문제에 내 감정이나 기분이 개입되는 것을 원천적으로 차단하기 위해서는 순수한 눈으로 문제를 바라봐야 하는 것이다. 흘낏 보고 쉬운 문제라고 얕보거나 도전해보기도 전에 어려운 문제라고 지레 포기해서는 안 된다. 좋은 사람인지 아닌지를 판단하기 위해서는 그 사람과 대화를 나눠봐야 하듯이 문제를 처음 접할 때도 역시 첫인상에 현혹되지 않는 것이 가장 우선이다.

이미지 트레이닝으로 실전에 대비하라

수학 문제를 풀 때 감정을 배재하는 것은 평소에도 상상력을 통해 연습해볼 수 있다. 실력에 비해 유난히 성적이 저조한 친구들에게 내가 자주 하는 주문이 있다. 문제를 마주할 때 반드시 '그 문제가 시험지에 인쇄된 장면'을 상상하라는 것이다. 학창 시절에 누구나 한 번쯤은 수학 문제집을 풀 때는 별로 어렵지 않게 해결한 문제가 시험에 똑같이 나왔는데도 알아채지 못한 경험이 있을 것이다. 이것은 우리가 평소에 '별 생각 없이' 공부를 하고 있다는 증거다.

예를 들어 방금 이차방정식을 배우고 나서 비슷한 문제를 풀면 대부분 쉽게 해결할 수 있다. 그렇기 때문에 이차방정식 부분은 잘 이해했다고 생각하여 다음으로 넘어간다. 따라서 시험에 비슷한 이차방정식 문제가 나오면 맞추는 것이 당연해 보이지만 알다시피 꼭 그렇지만은 않다. 시험 문제엔 '맥락'이 없기 때문이다.

이차방정식과 이차다항식, 이차함수까지 섞여 있는 시험지를 받아들면 순간적으로 머릿속에 있던 내용이 뒤죽박죽 되어버린다. 평소 아주 쉽게 풀었던 문제도 알아채지 못할 정도로 그야말로 패닉 상태가 되는 것이다. 이것을 방지하기 위해서는 평소 문제를 대하는 자세가 매우 중요하다.

우선 방금 배운 개념을 활용하여 문제풀이를 그저 흉내 내고 있는 건 아닌지 되돌아봐야 한다. 그리고 한 문제를 풀더라도 정확히 뇌에 새기겠다는 마음가짐이 필요하다. 이를 위해 가장 좋은 방법은 잠시 눈을 감고 이 문제가 시험지에 인쇄된 장면을 상상해보는 것이다. 그동안 시험 시간에 느꼈던 기분, 분위기, 상황 등을 떠올리면서 이를 연습하는 것은 실질적으로 실수를 줄이고 좋은 점수를 획득하는 데 많은 도움이 된다.

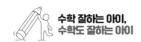

시험 공포증 이렇게 극복하라

시험이 끝나면 갖가지 안타까운 사연을 접하게 된다. 그중 하나는 문제지에는 정답을 적어놓고 답안지를 잘못 작성해 오답으로 처리되는 경우다. 그리고 이보다 더 가슴 아픈 경우는 답을 밀려 썼을 때다. 이런 경우 한두 문제를 손해 보는 게 아니기 때문에 정말 대형 사고라고 할 수 있을 것이다. 시험을 치르는 것은 이처럼 쉬운 일이 아니다. 문제를 해결해야 할 뿐만 아니라 문제의 정답을 OMR카드에 제대로 기입해야 하므로 고도의 집중력이 요구된다. 게다가 시간 제한도 있으니 긴장감은 배가 될 수밖에 없다. 시험에서 안타까운 실수를 하지 않기 위해 우리는 어떤 훈련이 필요할까?

시험에서 실수를 하는 이유는 결국 긴장감 때문이다. 긴장감은 뇌가 느끼는 감정이므로 우리는 뇌를 훈련해 긴장감을 미리 연습해볼 수 있다. 뇌는 실제와 상상을 구분할 수 없다고 하니 이점을 적극 활용한다면 어느 정도 시험 공포증을 극복할 수 있을 것이다.

먼저 문제를 풀기 전에 눈을 감고 이미지 트레이닝을 해보자. 지금 나는 교실에 앉아 있고, 시험지를 받았다고 상상해보는 것이다. 상상은 구체적으로 할수록 좋다. 시험장의 상황을 이성이 아닌 감성적으로 접근하는 것인데, 눈을 감고 머릿속으로 시험 상황을 그려보며 교실 책상에 앉아 시험지를 받아들었을 때의 떨림을 떠올리는 것으로 시험의 긴장감을 느껴볼 수 있다.

다음 단계는 타이머로 알람을 맞추는 것이다. 수학처럼 시간과의 싸움이 관건인 과목은 알람을 맞추고 문제를 푸는 것으로 시험 상황을 연습할 수 있다. 시간이 촉박한 것은 가장 큰 긴장감을 유발하기 때문이다. 전통적인 방법이지만 반드시 해야 할 훈련이다.

마지막으로 문제 푸는 자신의 모습을 동영상으로 촬영하는 것도 시험의 긴장감을 느껴볼 수 있는 좋은 방법이다. 시험 시간에 예민해지는 친구들은 시험 감독관이나 옆자리 혹은 앞자리 친구들이 신경이 쓰인다는 말을 많이 한다. 시험을 혼자 볼 수 있는 상황이 아니므로 필연적으로 누군가와 같은 공간에 있게 되고 이것은 곧 긴장감으로 다가오는 것이다. 이런 타인의 역할을 카메라가 대신해줄 수 있다. 혼자서 공부를 하더라도 촬영을 하게 되면 누군가 나를 지켜보고 있다는 느낌이 들기 때문에 간접적으로나마 도움이 될 수 있을 것이다.

수행평가, 전략적으로 접근하기

현재 중학교의 지필고사 비중은 줄어드는 추세다. 최근엔 지필고사를 학기 말에 한 번만 보는 학교가 많아졌는데, 이미 중학교의 수행

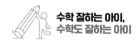

평가 비중은 갈수록 높아지고 있는 추세였다. 과정 중심 평가가 확대되면서 다양한 방식의 수행평가를 통해 학생들의 성취도를 평가하는 것이 오늘날 추구하는 교육 목표에 좀 더 가깝기 때문이다. 수행평가는 한 문제를 맞고 틀림에 따라 점수가 좌우되지 않기 때문에 학생들 입장에서 덜 부담스러울 거라고 생각하기 쉽지만 오히려 힘들어하는 친구들이 많다. 수행평가에서 좋은 성적을 얻지 못하는 이유는 대부분 사소하지만 놓치기 쉬운 것들을 간과했기 때문이다. 수행평가에서 고득점을 얻기 위해서는 점수로 연결되는 핵심적인 요건들을 갖추어야 하는데 다음 두 가지가 그중 대표적이라고 할 수 있다.

첫째, 교사의 의도를 파악하라!

선생님들은 학기 초가 되면 '평가계획서'라는 것을 작성한다. 한 학기 동안 자신이 가르치는 과목에 대한 평가를 어떤 방법으로, 어떻게, 언제 평가할지 계획을 세우는 것이다. 여기에는 당연히 수행평가에 대한 내용도 포함된다.

예를 들면 '도형의 닮음에 대한 보고서 작성'이라는 수행평가 영역을 설정하고 배점을 정할 경우 어떤 기준을 충족할 때 몇 점을 부여할 것인지에 대해 기록하게 되어 있다. 그런데 이 기준은 한 가지가 아니다. 수행평가는 과정을 평가하는 것이 원칙이기 때문에 선생님들이 설정한 몇 가지 기준을 만족시켜야만 점수를 획득할 수 있다. 그러므로 학생 입장에서 고득점을 얻고 싶다면 이런 기준을 알아차리는 것이 중요하다. 평가 전에 이 기준들을 명확히 인지하고 있으면 선생님이 어떤 부분에서 점수를 주려고 하는지 눈에 훤히 보인다. 그러므로 학기 초에 공개되는 평가계획서를 수행평가 전에 충분히 숙지하고 활용하는 것이 중요하다. 모든 평가계획서는 '학교 알리미'에 공개되어 있다.

둘째, 기본 규칙만 지켜도 중간 이상은 간다!

수행평가는 학생들 간의 점수 차이가 크지 않은 편이다. 즉 변별력이 크지 않다는 의미다. 그러므로 남들이 하는 것은 빼놓지 않고 하는 것이 실점을 줄일 수 있는 방법이다. 예를 들면 제출 기한을 가볍게 생각하는 학생들이 있는데 이는 매우 잘못된 생각이다. 제출 기한에 따라 점수를 차등 부여하는 방식은 전통적으로 선생님들이 많이 채택하는 방식이다. 누구도 이의를 제기할 수 없는 부분이기 때문이다. 이 외에도 분량이나 다른 부수적인 조건들을 달아놓는 경우가 많은데 이런 것들을 지키는 것만으로도 쓸데없는 감점을 피할 수 있다. 수행평가의 형식보다 내용이 더 중요하다고 생각해 형식을 소홀히 하는 경우 선생님 입장에서는 안타깝지만 주어진 조건을 간과했으므로 감점할 수밖에 없다는 점을 꼭 기억하기 바란다.

품격 있는 부모의 대화법

몇 해 전 어떤 남학생의 어머니와 상담을 했다. 늘 친구와 조잘조잘 대화를 잘하는 아이로 선생님들한테 말도 잘 붙이고 한마디로 다정 다감한 성격이었다. 그래서 나는 이 아이가 집에서는 '딸 같은 아들이겠구나' 추측하곤 했다. 그래서 아이의 어머니가 오시자마자 보통의 아들들은 집에서 말을 한마디도 안 해서 답답하다는데 좋으시겠다며 칭찬으로 말문을 열었다.

하지만 어머니는 내 말이 떨어지자마자 무척 놀라시며 아들이 학교에서는 그런 모습이냐며 재차 물으셨다. 아들이 집에 오면 말을 한마디도 안 한다는 것이다. 학교에서는 정말 스윗가이 그 자체인데 집에서는 무뚝뚝한 경상도 사나이라니 도무지 상상이 되지 않았다.

어쩌면 아이의 가정에 무슨 문제가 있어서 그럴 수도 있겠다는 생각이 들었다.

방과 후 아이를 불렀다. 역시나 밝은 얼굴로 내 옆에 앉은 아이에게 나는 "오늘 어머니와 상담을 했는데 네가 집에서 너무 말을 안 해서 걱정이신 것 같더라. 선생님은 평소에 네가 너무나 즐겁게 생활하고 있다고 생각했는데 혹시 집에서 말을 안 하는 이유가 따로 있니?"하고 물었다.

아이는 좀 어처구니가 없다는 표정으로 웃으면서 "아뇨~"라고 대답했다. 그러더니 집에서 말이 왜 필요하냐면서 자기는 친구들과 이야기하는 것이 좋을 뿐 가족하고 말하는 것이 싫은 건 아니라고 했다. 다만 대화의 필요성을 못 느낀다고 말했다. 엄마가 물어보는 말에는 다 대답을 하는데 엄마가 왜 그렇게 생각하는지 이해가 잘 되지 않는다고도 했다. 나는 학교에서 떠드는 것의 반의반만이라도 엄마한테 가서 조잘대라고 장난삼아 호통을 친 후 돌려보냈다.

이 아이는 그냥 심플한 성격이다. 인간관계를 어렵게 생각하지 않는 전형적인 남자아이들의 성향일 뿐 특별히 문제될 게 없다. 남자아이들이 친구들과 수다 떠는 것을 싫어한다고 생각하면 큰 오해다. 나는 아이의 어머니께도 이렇게 말씀드리며 걱정하지 않으셔도 될 것 같다고 전화를 드렸다.

이런 경우 같은 아이를 두고 부모와 교사는 다르게 바라본다. 아

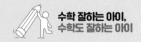

이가 보여주는 모습이 다르기 때문이다. 하지만 이것을 소재로 대화를 나누다 보면 아이를 좀 더 정확히 알 수 있는 힌트를 얻을 수 있다. 엄마는 집에서의 모습만 보고 내 아이가 과묵하다고 생각하고 있었겠지만 어떤 기회를 통해 아들에게 다른 모습이 있음을 발견했다면 그 이유에 집중해야 한다.

아이와의 대화는 조심해서 할 필요가 있다. 특히 사춘기 아이와는 더욱더 조심해야 한다. 부모의 말 한마디로 상처를 받게 될 뿐만 아니라 잘해보자고 시작한 일이 더 큰 화를 불러일으키는 경우가 제법 많기 때문이다. 하지만 사실상 아이와의 관계를 개선시킬 수 있는 모든 방법은 언어로 표현될 수밖에 없다. 마음은 눈에 보이지 않기에 우리는 정제되고 전략적인 대화법을 통해 아이와 마음을 나누고 관계를 개선해나가는 것이 필요하다. 같은 어른들끼리도 말이 입 밖으로 나오는 순간 오해가 시작된다는 것을 감안한다면 아이와의 대화는 좀 더 의식적인 노력을 해야 한다는 사실을 늘 상기할 필요가 있다.

어떠한 의도도 대화에 넣지 말기

앞서 소개한 아이의 사례에서 아이의 엄마는 아이와 어떤 식으로 대화를 시작하면 좋을까?

엄마는 학교에서 돌아온 아이에게 다음과 같이 물어볼 것이다. "아들아, 오늘 엄마가 학교 선생님께 너의 다른 모습에 대한 얘기를 들었어. 학교에서는 친구들과 말도 잘하고 장난도 잘 치는 재미있는 아이라는데?" 그럼 아이는 어떤 식으로든 설명을 할 것이다. 사춘기 아들이므로 "그냥" 혹은 "친구들과 이야기하는 것이 재밌으니까" 등의 단답형으로 대답할 확률이 높다.

여기서 엄마가 "그런데 왜 집에서는 엄마하고 얘기를 안 해?"라고 대응하면 안 된다. 친구들과 어떤 이야기를 주로 재미있게 하는지, 어떤 친구와 말이 잘 통하는지 등 아이가 긍정적으로 느끼는 부분을 중심으로 대화를 이끌어나가는 것이 좋다. 엄마하고 이야기하는 게 익숙하지도 않은데 왜 엄마하고는 얘기를 안 하냐고 물으면 아이 입장에서는 나무라는 것처럼 들리므로 부정적인 감정이 먼저 든다. 그러면 그 이후로 대화는 더 힘들어질 수밖에 없다.

또한 저런 질문은 아이를 변화시키고 싶다는 엄마의 의지가 들어 있다. 그러나 아이를 바꾸고 싶다는 의지가 담긴 말은 이미 아이를 야단치는 것과 다르지 않다. 아이뿐만 아니라 어떤 사람과 대화를 하고 싶다면 뭔가를 추궁하는 듯한 질문은 순수하지 않다. 어떠한 의도 없이 아이에 대해 순수하게 궁금해하는 것이 훨씬 인간적이다. 아이가 왜 친구들하고 이야기하는 것을 좋아하는지, 재미있어 하는

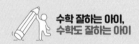

지 진심으로 궁금해하면 되는 것이다. 엄마와 집에서 대화를 잘 하지 않는 것은 사실 따지고 보면 별다른 이유가 없을 가능성이 높다. 아이 입장에서 엄마와 대화하는 것은 별로 재미가 없을 뿐이다.

이렇게 한두 번 지속적으로 대화를 시도하다 보면 아이에 대해 보다 면밀히 파악할 수 있을 뿐만 아니라 덤으로 둘 사이에 대화도 늘어날 수 있다. 아이가 엄마와 대화를 안 하는 것이 특별히 문제가 되지 않는다면 굳이 개선할 이유도 없다. 엄마는 좀 섭섭하겠지만 아이의 성향이 그런 걸 어쩌란 말인가.

'집에서 말을 잘 안 한다'는 부정적인 면에 집중하지 말고 '친구들과 말하는 것을 좋아한다'는 긍정적인 면에 집중하다 보면 아이의 성향을 정확히 파악하는 데 도움이 될 것이다. 그러기 위해서는 다른 사람들 눈에 비치는 아이의 모습이 어떤지 가끔 확인할 필요는 있을 것이다. 하지만 거기에 너무 매몰될 필요는 없다. 다른 사람들의 시선은 상대적으로 나보다는 짧은 시간 동안 아이를 관찰한 결과이므로 부정확할 수도 있기 때문이다. 다만 그 결과의 원인이 무엇인지 탐구하는 재료로서 활용 가치가 높은 것은 사실이다. 그것을 탐구하는 것이 바로 부모의 역할이라고 생각한다.

관심의 추는 항상 내 쪽에 두기

학부모 상담을 해보면 사춘기에 접어든 아이들과 대화가 잘되지 않는다는 하소연을 많이 하신다. 특히 엄마들은 아들과의 대화가 거의 불가능하다고 이야기하는데 내가 볼 때 대화를 잘못 이해하고 있는 경우도 많다.

"오늘 급식 뭐 먹었니?" "수행평가하느라 힘들지?" "내일은 몇 시에 깨워줄까?" "학교는 어때? 학원은?"

엄마들은 보통 이런 질문을 던지며 대화가 이어지길 기대하지만 저런 질문의 대답은 대부분 단답형일 수밖에 없고, 사춘기를 겪는 아이는 세상 모든 것이 귀찮게 느껴지므로 비슷한 질문을 계속해서 던지면 짜증을 내며 방 안으로 숨어버리고 마는 것이다.

그럼 부모도 화가 난다. 기껏 따뜻하게 말 좀 붙여 보려고 했다가 봉변을 당한 기분이 들면서 밖에서도 안 당하는 모욕감을 자식에게 느끼게 될 수도 있다. 이것이 반복되다 보면 아이와는 말을 섞지 않는 것이 상책이라는 생각까지 든다. 얻는 것도 없이 괜히 서로 기분만 상하니 말이다. 그러나 알다시피 자녀와 대화를 하지 않는 것이 차선은 될지언정 최선은 아니다.

내가 추천하는 한 가지 방법은 아이에게 관심을 끄고 대화에 임하라는 것이다. 아이가 부모와 대화 나누는 것을 피하는 근본적인

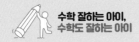

이유 중 하나는 자꾸 본인에게 뭔가를 요구한다는 느낌을 받기 때문이다. 부모 입장에서는 아이에 대한 관심의 표현이겠지만 아이는 이 관심 자체가 자신을 옭아맨다는 느낌을 갖기 때문에 답답할 수밖에 없다. 아이에게 관심을 끄고 그냥 내 이야기를 해보자. 오늘 엄마는 어떤 일이 있었다, 오늘 점심은 뭘 먹었는데 맛있더라, 요즘 핫한 그 영화를 보고 왔는데 진짜 괜찮더라 등등 아이가 중심이 아닌 나를 중심에 놓고 다양한 주제로 대화를 시도하는 것이다.

아이에게 무언가를 물어보지 말고 그냥 본인의 이야기를 친구에게 하듯 하는 것이다. 또한 아이가 무슨 답변을 해주기도 바라지 말자. 아이에게 답을 강요하는 이야기 말고 그냥 잔잔한 소음처럼 부담 없이 내 이야기를 해야만 아이는 반응할 것이다. 내 이야기를 하면서도 아이 눈치를 보며 대화를 억지로 이끌어가려 한다면 둘 다 금세 피곤해질 것이 뻔하다. 엄마의 최대 관심사는 아이겠지만 그걸 당사자와 이야기할 수는 없다. 아이를 제외한 다른 관심사로 대화를 시작하는 것이 좋다. 시간이 흘러 익숙해지면 다양한 소재로 대화의 폭이 확장이 될 것이고 아이 자신에 대한 이야기도 그중 하나가 될 것이다.

이 방법은 사춘기 아이와 대화를 하고 싶지만 어떻게 시작해야 할지 모르는 부모들에게 유용한 팁이 될 수 있다. 사실 장점은 따로 있는데 부모가 모욕감 또는 무안함을 느끼지 않고 아이와 대화할 수 있기 때문에 사춘기 아이와 대화하는 것이 그리 어려운 것이 아니라는 용기를 얻을 수 있다는 점이다. 아무리 좋은 팁도 내가 실천하기 어려우면 아무 소용이 없다. 사춘기 아이를 키우기 위해서는 나 자신부터 멘탈 관리가 필요하다. 오늘부터 아이에게 쏟았던 관심을 나에게로 조금씩 돌려보자.

계급장 떼고 대화하기

부모들은 아이를 자기 주도적으로 기르고 싶어 하면서도 막상 아이가 본인의 의견을 강력히 주장하면 당황스러운 게 사실이다. 하지만 아이가 본인의 의견을 강력하게 주장할 때는 반드시 귀 기울여 들어보아야 한다. 모처럼 자기 주도력이 발현되고 있는 중요한 순간이기 때문이다. 시간이 좀 걸릴 것을 예상하고 길게 심호흡을 한 뒤 경청할 준비를 하는 것이 좋다.

우선 아이가 그렇게 생각하는 이유를 들어봐야 한다. 여기서 중요한 건 아이의 말을 중간에 끊으면 절대 안 된다는 것이다. 자신의 생각을 논리적으로 하나의 문장으로 완성하는 것이 토론의 기본이므로 이 순간에도 우리는 아이를 발전시킬 수 있다. TV 토론을 보면 상대방이 말하는 시간에는 끼어들 수 없는데, 이는 상대방의 논리를

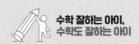

끝까지 들어보고 반박하라는 의도와 함께 어느 한쪽으로 의견이 치우치는 것을 경계하려는 것이다.

아이의 의견을 참을성 있게 들어주면 좋은 점이 한 가지 더 있다. 아이가 몇 분에 걸쳐 본인의 의견을 이야기하다가 자신의 논리가 빈약하거나 억지스럽다는 걸 스스로 알아채기도 한다는 것이다. 이럴 땐 감정이 식어서 좀 차분해지는 효과가 있다.

아이의 의견을 들었으면 이제는 부모의 의견을 말할 차례다. 잘 참고 아이의 의견을 들어주었듯이 토론에 있어서도 동등한 위치에서 해야 한다는 것을 잊지 말아야 한다. 부모로서 아이를 힘으로 제압하려는 낌새가 보이면 아이는 금세 알아채고 귀와 입을 닫아버린다. "너는 어리니까 엄마 생각이 맞는 거야"가 아니라 "엄마는 이런 이유로 이렇게 생각했는데 네가 동의를 못한다면 우리는 서로 타협이 필요하겠구나"라는 식으로 대화가 흘러가는 게 맞다.

그리고 그 문제에 대해 함께 타협해보는 과정을 거치면 서로의 감정을 다치게 하지 않으면서 현실적인 방안을 찾아낼 수 있다. 아이와 의견 대립이 일어났을 때 말로 아이를 이겨보겠다는 감정이 개입되는 순간 타협은커녕 관계만 나빠진다. 입으로는 아이를 존중해야 한다, 자존감을 지켜줘야 한다고 외치면서 나보다 한참 어리다는 이유로 아이의 생각이 미숙하다고 치부해버리지는 않았는지 반성해볼 필요가 있다. 아이를 존중한다는 것은 그냥 타인으로, 한 인간으로서 인정해주는 것이다. 여기에 애매한 자식 사랑이 들어가면 자꾸 내가 우위를 점하려는 속성이 튀어나온다.

'계급장 떼고'라는 말은 보통 낮은 지위에 있는 사람이 높은 지위의 사람을 아래로 끌어내리고 싶을 때 사용하는 말이지만 우리는 이를 반대로 이용할 줄 알아야 한다. 아이와 대화할 때는 아이를 나와 같은 어른의 지위에 올려놓고 이야기해야 한다는 뜻이다. 어른과 동등한 위치에서 토론을 해본 아이는 어른의 말과 본인의 말이 같은 무게감을 가진다는 것에 묵직한 책임감을 느낄 수밖에 없다. 이런 과정을 거쳐 타협점을 찾았다면 아이는 본인의 의견이 반영되었으므로 지키려고 노력할 것이고, 본인이 부모로부터 존중받고 있다는 것을 느끼게 된다. 누군가에게 존중받아본 사람이 다른 사람도 존중할 수 있다.

아이의 단점도 장점으로 승화하기

어릴 때부터 나는 남들과 자연스럽게 어울리는 것이 힘들었다. 지금 생각해보면 그냥 내향적인 성격이라 혼자 있는 게 편했던 건데 학창 시절에는 그런 성격 자체가 단점이라고 느끼며 살았다. 아마도 사회적인 분위기와 교육이 한몫했을 것이다. 어른들이 남들 앞에서

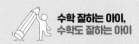

자기 의견을 당당히 말하고 여러 친구들과 두루두루 어울리는 것이 좋은 성격인 양 가르쳤으니 나조차도 당연히 그렇게 생각할 수밖에 없었다.

그러나 어른이 되고 보니 내 성격이 나쁜 것이 아니라 세상에는 그냥 혼자가 편한 사람도 많다는 걸 알게 되었다. 친하지 않은 사람들과 어울리는 자리가 불편한 것은 개인적인 성향일 뿐 문제 삼을 일이 아니라는 것을 안 뒤로 지난 세월이 너무나 억울했다. 단점이 아닌데 나조차 단점으로 여기며 살아왔다는 사실에 내 자신이 너무 불쌍하게 느껴지기도 했다. 내향적인 사람만의 장점을 활용해 마음에 드는 사람들과 깊은 관계를 맺으며 얼마든지 발전할 수 있었을 텐데 단점이라는 생각에 사로잡혀 더욱 움츠러들었던 시간들이었다.

단점은 인생의 한 부분을 갉아먹는다. 스스로 단점이라고 인식하는 순간 삶을 살아가는 동안 자신의 발목을 붙잡는 족쇄가 되어버린다. 어느 누구도 아닌 내가 나를 방해하는 결과를 초래하는 것이니 비극일 수밖에 없다.

어차피 모든 면에서 부족함이 없는 인간은 없다. 그렇다면 누구든 단점을 가지고 있는 것은 너무나 당연하고, 그 단점이란 것도 뒤집어 생각해보면 장점이 되는 경우가 많으므로 더 이상 단점이라고 못박기도 애매해진다. 내가 혼자서 이렇게 글을 쓰고 온라인상에서 친해진 이웃들과 소통하는 걸 즐기는 것은 내향적인 성격과 잘 맞기 때문인데 이걸 어떻게 단점이라고 말할 수 있을까?

단점은 남과의 비교를 통해 얻은 부정적인 결과일 뿐이다. 그러므로 내가 성장하는 데 있어 하나도 도움될 것이 없다. 내 아이를 옆집 아이와 비교하면 안 되는 이유는 비교를 해서 드러나는 단점이 아이에게 좋지 못한 영향을 끼칠 뿐더러 심지어 그게 진짜 단점도 아니기 때문이다.

시끄럽게 떠드는 아이에게 "너는 어쩌면 그렇게 유쾌하니? 친구들하고 이야기하는 게 너무 즐거워 보인다"라고 말해주고, 매사에 부정적인 아이에게 "음. 너는 그렇게 생각하는구나. 나는 미처 그런 생각까지는 못했는데"라는 한 템포 쉬어가는 말을 건네보자. 이런 식의 대화는 아이를 내가 정해놓은 단점이라는 틀에 몰아넣지 않음으로써 아이와 긍정적인 관계를 형성하는 데 도움이 된다. 아이가 가진 어떤 특징이 단점이라고 생각하는 내가 문제일 뿐 세상에 절대적인 단점은 없다는 사실을 떠올리면 이것은 상황에 따라 반대로 장점이 되기도 한다.

부모의 재치 있는 말 한마디로 잘 떠드는 아이가 소통에 능한 방송인이 되고, 매사에 딴지를 잘 거는 아이가 훌륭한 비평가로 자란다. 아이의 단점을 고치려고 애쓰지 말고 그것을 어떻게 장점으로 승화시킬 수 있을지 생각하는 편이 훨씬 더 현명하다. 그리고 그 점

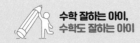

을 부모가 정확히 말로 표현해주면 아이는 자신의 능력을 또 한 가지 발견하게 되는 것이다. 장점만 생각하기에도 시간이 모자라다. 부모는 아이의 모든 면을 장점으로 만들 수 있는 사람이란 걸 잊지 말자.

에필로그

이미 너무 괜찮은
아이잖아요?

제가 중학생쯤 되었을 때입니다. 아마 그때쯤 저는 사춘기가 왔던 것 같아요. 자려고 누우면 죽음에 대한 생각으로 시작해 결국엔 울며 잠들었지요. 어차피 죽을 텐데 뭐 하러 태어났나 하는 생각에 이르고, 그렇다면 나는 지금 뭐하고 있는 건가 싶었습니다. 사는 게 너무 허무하다고 느껴져 한없이 슬퍼지고 우울해졌습니다. 그 시기엔 부모님이 듣기 싫은 소리를 하면 이런 생각이 들었습니다.

'누가 낳아 달랬나? 왜 맘대로 낳아놓고 나한테 난리야!'

생각해보니 나는 내 의지로 세상에 나온 것이 아니었습니다. 이런 나라에, 이런 부모에, 이런 환경에 태어나게 된 건 완전히 랜덤이었을 뿐만 아니라 나란 존재 자체가 우리 엄마 아빠가 결혼하지 않

았다면 없었을 거라는 사실을 깨닫게 되었지요. 삐딱해진 저는 이제 엄마, 아빠한테 큰소리를 칠 수 있겠다 싶었습니다. 내가 원해서 태어난 것이 아니니까요. 전적으로 부모님이 원해서 나를 낳았으니 오히려 나한테 미안해해야 한다고 생각했습니다. 나한테 물어보지도 않고 이 고된 세상에 나를 던져버린 책임을 묻고 싶었습니다.

그리고 한참 후, 나는 엄마가 되었습니다.

엄마가 되어 아이를 마음대로 하고 싶은 마음이 들거나 내 감정에 못 이겨 아이를 실컷 야단치고 나서 후회가 될 때 사춘기의 내가 떠올랐습니다. 어쩌면 지금 아이도 속으로는 나와 같은 생각을 하고 있겠다 싶었지요. 그러면 금방 반성하게 됩니다. 내 멋대로 아이를 세상에 끌어내놓고 무슨 짓을 한 건가 싶어지는 거죠. 언젠가 아이에게 물어본 적이 있습니다.

"만약 엄마 아빠가 결혼을 하지 않았다면 너는 없는 존재일까? 아니면 다른 부모의 아이로 태어났을까?"

결론 없는 이야기이긴 했지만 다행인 것은 아이가 세상에 태어난 것을 '대체로 만족스럽다'고 평가했다는 점입니다. 그 말을 들었을 때 나는 가슴을 쓸어내렸습니다. 그래도 내가 아이에게 큰 상처를 주지는 않았구나 싶었지요.

언젠가 제 블로그에 '나이만 먹었지 정신적으로 미숙한 부모인 것 같다'는 자책으로 괴로워하시는 부모님의 사연을 읽고 마음이 아팠습니다. 사실 이렇게 고민을 털어놓는 분들은 훌륭한 축에 속합니다. 그럼에도 불구하고 아이 때문에 힘든 순간은 늘 있지요. 오랫동안 아이 생각을 하며 괴로운 시간을 버텨오다가 한 번에 무너졌다고 합니다. 안 해도 될 말까지 해가면서 아이에게 상처를 주었다며 후회를 하셨습니다. 그분께 이렇게 위로를 해드렸어요.

"이미 너무 괜찮은 아이잖아요? 그동안 나를 기쁘게 한 적이 많았잖아요. 그러니 이 정도는 속상하게 해도 되지 않을까요? 아이한테 물어보지도 않고 내 맘대로 낳았으니."

세상에 책임질 일이 너무나 많지만, 없던 존재를 이 세상에 내놓은 건 지금 생각해도 아찔한 결정입니다. 만약 지금 이런 결정을 해야 한다면 결코 못했을 것입니다. 젊은 시절의 무모함이 아니라면 이런 무거운 책임이 따르는 선택은 결코 할 수 없었겠지요. 그럼에도 불구하고 이미 부모가 된 이상 우리는 부모답게 아이를 키워야만 합니다.

제가 생각하는 부모다움은 다른 무엇보다 아이의 행복을 최우선에 놓고 고민하는 것입니다. 인생 모든 일이 그렇겠지만 아이를 키운다는 것은 수많은 선택을 동반합니다. 그런데 다른 모든 선택보다 아이를 위한 선택은 내가 아닌 다른 사람, 즉 아이의 인생을 바꿀 수도 있기에 훨씬 무겁습니다. 이런 무거운 선택을 할 때마다 흔들리지 않으려면 단순한 한 가지 원칙을 기준 삼아야 한다고 생각합니

다. 그리고 그것은 누가 뭐래도 아이의 행복입니다. 끝으로 '고3 엄마로 사는 것'이라는 주제로 아이의 수험 생활을 지켜보며 적었던 시 몇 편 중 하나를 소개하며 마치고자 합니다. 공부도, 수학도 잘했으면 좋겠지만 그것들보다 더 중요한 것을 놓치고 싶지 않아 나에게 외우는 주문 같은 글입니다. 모든 부모님의 마음도 저와 다르지 않을 것 같습니다. 긴 글 끝까지 읽어주셔서 고맙습니다.

나에게 오면 된다

훗날, 혹은 내일 당장이라도
큰 실수를 하거나 어려운 일을 당했을 때
혼자 끙끙대거나 엉뚱한 사람을 찾느라 헤매지 말고
부디 가장 먼저 나를 떠올리기를.
살면서 실수 안 하기를 바라기보다는
실수를 해도 나한테 오면 편들어 줄 사람이 생긴다는 사실.
인생에서 힘든 일이 없기를 빌기보다는
그런 일이 생겼을 때 나한테 오면 위로받을 수 있다는 사실.
이거 하나만 기억하도록 키울 수 있다면.

20년간 수학을 가르치며 깨달은 것들
수학 잘하는 아이, 수학도 잘하는 아이

제1판 1쇄 발행 | 2022년 5월 12일
제1판 2쇄 발행 | 2022년 5월 23일

지은이 | 오선영
펴낸이 | 오형규
펴낸곳 | 한국경제신문 한경BP
책임편집 | 마현숙
저작권 | 백상아
홍보 | 이여진 · 박도현 · 하승예
마케팅 | 김규형 · 정우연
디자인 | 지소영
본문디자인 | 디자인 현

주소 | 서울특별시 중구 청파로 463
기획출판팀 | 02-3604-590, 584
영업마케팅팀 | 02-3604-595, 583   FAX | 02-3604-599
H | http://bp.hankyung.com   E | bp@hankyung.com
F | www.facebook.com/hankyungbp
등록 | 제 2-315(1967. 5. 15)

ISBN 978-89-475-4819-9   03370